MARIA TERESA CARLONI

Diario di una mistica nella Terra del Signore

Viaggio in Terra Santa 1-8 gennaio 1967

T0165917

edizioni terra santa

Per informazioni sulle opere pubblicate
e in programma rivolgersi a:

Edizioni Terra Santa
Via Giovanni Gherardini, 5 - 20145, Milano
Tel. +39 02 34592679
Fax + 39 02 31801980
http://www.edizioniterrasanta.it
e-mail: editrice@edizioniterrasanta.it

Progetto grafico: Elisabetta Ostini
In copertina: Maria Teresa Carloni a 40 anni,
con la collana dono di Pio XII

Finito di stampare nel novembre 2016
da Corpo 16 srl, Modugno (Ba)
per conto di Fondazione Terra Santa

ISBN 978-88-6240-445-7

Indice

Prefazione

Terra Santa ieri e oggi nella continuità del fascino dell'incontro con il Vangelo, anzi di "Gesù Cristo che è lo stesso ieri, oggi e sempre" (*Eb* 13,8): questo ci donano in venti secoli i diari, gli appunti e le testimonianze di viaggio dei pellegrini che si sono incessantemente susseguiti nel tempo a percorrere le strade polverose, i deserti, i villaggi e le chiese che dal Giordano al Mediterraneo, dal Libano al Negev caratterizzano quella regione dall'antichità conosciuta come Palestina.

Asceti, santi, peccatori, uomini e donne anonimi per la storia umana ma non per il Signore, si sono alternati agli eserciti come un fiume che scorre pacifico segnando il solco sicuro della fede cristiana. Le pagine del Vangelo qui dove tutto è cominciato duemila anni fa sono rimaste fonte viva. Alle divisioni tra battezzati risuonano come un monito della comune identità e della coerenza alla Verità. Ai credenti animati di zelo hanno rinvigorito la testimonianza.

Ai turisti più "tiepidi" nella preghiera e più curiosi di cultura hanno riportato la mente nel cuore per riflettere sul richiamo recondito della nostalgia di Dio. Agli eventi storici hanno fornito uno scenario che facesse da cornice significativa per messaggi urgenti e non negoziabili alla coscienza dell'umanità, oppure da severo segno di contraddizione per lo scandalo di quanto non si conformasse alla più elementare umana giustizia.

Gli ultimi cinquant'anni sono stati segnati dal moltiplicarsi di fatti politici, militari, religiosi e spirituali che, nell'alternanza di angoscia e di speranza, hanno visto protagonista questo lembo di terra rendendolo sempre più spesso termometro della salute dei rapporti tra popoli e culture, civiltà e religioni, e battito del cuore sulla frequenza della verità che li deve normare. L'interesse delle pagine che qui presentiamo s'innesta in questo ampio respiro di esperienza di fede, di ricerca di senso e di riflessione sul significato di tutte le cose e del divenire della storia nella mano del Padre e guidata dal suo unico Pastore nella luce dello Spirito "che è Signore e dà la vita".

Questo testo porta a conoscenza di un pubblico più ampio e diversificato la figura della serva di Dio Maria Teresa Carloni (1919-1983), vissuta a Urbania (Pesaro-Urbino), per lo più nascosta agli occhi degli stessi compaesani. Ma la dott.ssa Maria Teresa Carloni non lo era a Papi del XX secolo, da Pio XII a Giovanni Paolo II, né primati e molti pastori della Chiesa perseguitata nell'Europa centro orientale, come nella lontana Cina e Paesi limitrofi e in Sudan. L'impegno della sua vita, a Dio e ai fratelli sofferenti consacrata interamente in carità incondizionata, povertà radicale e obbedienza assoluta al Signore tramite la Chiesa madre e il padre spirituale, mons. Cristoforo Campana (1920-2006), ha concesso al Signore di "stendere la potenza del suo braccio" (*Lc* 1,51) per soccorrere e intervenire mirabilmente nella storia dell'uomo, là dove tutto per i suoi fedeli sembrava perduto, confermando ancora che "nulla è impossibile a Dio" (*Lc* 1,37). Questa indefessa e ardita missione ha fatto sì che la "signorina di Urbania" sia stata chiamata, dopo la sua scomparsa, "apostola della Chiesa perseguitata".

Questo libro dona a Maria Teresa Carloni veste di grande attualità nell'ambito delle comunità cristiane del vicino Oriente che nel nostro XXI secolo conoscono una nuova ondata di persecuzione e di sofferenza a motivo della propria fede. Il suo viaggio in Terra Santa con un vescovo clandestino assume significato profetico nel ponte che si instaura tra le origini dell'annuncio evangelico e l'oggi della speranza della fede diffusa e testimoniata, tra i martiri del XX secolo e quelli che ogni giorno le cronache ci portano ad ammirare nel nuovo contesto politico, culturale e geofisico del XXI.

Il coinvolgimento della Terra Santa come emblema della elezione di tutte le genti e di tutti i popoli alla partecipazione al mistero di Cristo Redentore appare sempre più come il paradigma dell'eco della promessa: "Io sono con voi tutti i giorni fino alla fine del mondo" (*Mt* 28,20).

La mano dell'uomo può trasformare luoghi ed erigere monumenti, ma la freschezza del Vangelo continua a scaturire come acqua da fonte zampillante in ogni sito in cui la fede rinnova e attualizza l'evento del Dio fatto uomo. Là dove la Parola di Dio e la preghiera dell'uomo s'incontrano, la grazia rinnova l'incontro tramite un "avvento", sia esso nel segreto del cuore o nel mistero della presenza eucaristica. Luoghi e parole del Vangelo si coniugano per continuare in ciascuno il perpetuarsi dell'incarnazione dell'amore eterno.

La seconda parte del libro, che volutamente non segue la cronologia dei Vangeli ma la "teologia" dello Spirito in un'anima amante, ripropone per certi versi il medesimo pellegrinaggio, ma sul più profondo livello interiore, dove la luce della scienza divina apre la conoscenza della Verità che soggiace alle parole più sublimi dell'annuncio cristiano. È al termine del percorso di una lettura che appare una sorta di mistico viaggio dalla Terra Santa in Palestina alla terra promessa nel Regno dei cieli che il "pellegrino" non può che esclamare con il salmista, scoprendo chi è colui che gli fa da guida in questa vita terrena:

"Il Signore è il mio pastore:
non manco di nulla;
su pascoli erbosi mi fa riposare,
ad acque tranquille mi conduce.

Mi rinfranca, mi guida per il giusto cammino,
per amore del suo nome.
Felicità e grazia mi saranno compagne
tutti i giorni della mia vita,
e abiterò nella casa del Signore
per lunghissimi anni" (*Sal* 22,1-3.6*)*

Mons. Pierbattista Pizzaballa
Arcivescovo di Verbe
Amministratore apostolico del Patriarcato
latino di Gerusalemme

Introduzione

A cura di Alberto Di Chio e Luciana Mirri

Chi era Maria Teresa Carloni

DALL'INFANZIA ALLA CONVERSIONE

Maria Teresa nasce a Urbania (Pesaro) l'8 ottobre 1919, sei anni dopo il fratello Adolfo. A tre anni perde i genitori. La nonna materna si occupa dei due bambini. L'educazione rigorosa della nonna produsse in Maria Teresa grande sensibilità umana, ma anche una fortezza d'animo, unita a sincerità e religiosità senza finzioni. A diciassette anni, incompresa gravemente in confessione da un sacerdote, Maria Teresa scappa dalla chiesa gridando al crocifisso: "*Ci rincontreremo!*".

Lo scoppio della seconda guerra mondiale sembra offrirle un motivo valido per andarsene di casa: servire *la patria*. Essendo di nobile famiglia può entrare come infermiera nel Sovrano ordine di Malta a Roma. Consegue il diploma infermieristico con il massimo dei voti e inizia il servizio presso la clinica San Giuseppe al Trionfale, dove diviene caposala. La sua professionalità e la sua umanità sono tali che viene decorata con la medaglia d'argento al valore militare.

Finita la guerra, Maria Teresa rientra a Urbania e conclude gli studi nel 1946 con la laurea in filosofia all'Università di Roma. A quasi trent'anni è senza lavoro, sola con la nonna e priva di una vita religiosa praticante. Il 1951 segna la svolta. Il 16 aprile Maria Teresa chiese e ottenne un colloquio privato col giovane parroco, don Cristoforo Campana. Finalmente aprì l'intero suo animo. Il 16 maggio, a novantadue anni, muore la nonna: Maria Teresa resta sola e inizia il nuovo cammino.

CONSACRAZIONE E MISSIONE

Con decisione irrevocabile il 16 giugno 1951, nelle mani del padre spirituale, Maria Teresa emette *voto di perpetua castità*. Da quel momento la sua vita sarà impegnata in austera ascesi di preghiera, anche notturna, e di penitenza. In particolare, la sua offerta di vita si diresse alla *santificazione dei sacerdoti*. A ciò non venne mai meno l'ardentissima carità che la vide indefessa a servizio dei più bisognosi senza risparmiarsi a Genova nell'ospedale dei lebbrosi, a Milano per assistere malati a domicilio, a San Primo di Como tra gli alluvionati del Polesine là sfollati, a Spotorno, vicino a Savona, per assistere bambini. È l'autunno 1951 e l'inverno 1952. La sua povertà è tale che ella stessa vive di carità altrui. Cominciano a manifestarsi in questo periodo i fenomeni misteriosi che la rapiranno nascosta al mondo per la sua missione a favore della Chiesa perseguitata.

Tornata a Urbania nella primavera del 1952 e vagliata con scrupolosa attenzione dal padre spirituale, che verificò il carattere soprannaturale e indipendente dalla sua volontà di certi rapimenti estatici, il Venerdì Santo 11 aprile 1952 alle 15 il Signore le si manifestò crocifiggendola con Lui tramite le *stimmate*. Eccetto che nel ripetersi delle tre ore di agonia, in cui si rendevano visibili ai polsi, al costato, ai piedi e alle spalle, le piaghe rimasero nascoste. Nel maggio 1952 don Cristoforo Campana fece sottoporre Maria Teresa a una perizia psichiatrica presso l'ospedale di Pesaro. Il responso medico fu: *"Il soggetto possiede una prontezza di determinazione e una semplicità di prassi che sono il contrario di quanto si è soliti riscontrare nel cosiddetto temperamento isterico"*.

Il 20 dicembre 1952 avvenne il *matrimonio spirituale* tra Gesù e Maria Teresa. Nel gennaio 1953 Maria Teresa fece l'offerta di sé per la Russia e i Paesi satelliti: iniziava lo specifico della sua missione. Don Campana intanto aveva informato il proprio vescovo, mons. Giovanni Capobianco, il quale ordinò che ogni cosa rimanesse sconosciuta a tutti.

L'offerta della vita per la *Chiesa perseguitata* fu in Maria Teresa Carloni senza confini: Europa orientale, Sudan, Cina e altri Paesi dell'Asia. Molti furono i figli spirituali che accompagnò *al* sacerdozio e *nel* sacerdozio, anche fino al martirio, come il caso del card. Alojs Stepinac, arcivescovo di Zagabria proclamato beato da Giovanni Paolo II, morto al domicilio coatto di Krasić, dove la Carloni si recò a trovarlo personalmente nel maggio del 1959. Sempre pieno di stima e di rispettoso affetto fu il rapporto con il servo di Dio il card. Stefan Wyszyński, primate di Polonia, con il metropolita arcivescovo degli ucraini il card. Jozef Slipyj, in esilio a Roma, il paterno card. Giuseppe Beran, arcivescovo di Praga, pure in esilio a Roma, il card. Franjo Šeper, successore a Zagabria del card. Stepinac e prefetto della congregazione della dottrina per la fede, che quasi quotidianamente le scriveva, il sacerdote comboniano del Sudan padre Pietro Magalasi, suo primo "figlio" nero, mons. Ireneo Dud, vescovo di Khartoum, che ella andò a trovare nel 1960, e altri vescovi e cardinali. In uno dei suoi viaggi riuscì ad incontrare clandestinamente, nell'ambasciata americana di Budapest, il card. Jozef Mindszenty. A tutti costoro si aggiungono vescovi della Bulgaria e dell'ex Jugoslavia. Molti di detti illustri amici furono ospiti della Carloni a Urbania, specialmente durante gli anni del concilio Vaticano II.

Amicizia con quattro Papi

Nella necessità attinente la sua particolare missione, entra in confidenza con i Vescovi di Roma della seconda metà del XX secolo. Con Pio XII ebbe specialissimo rapporto di intesa spirituale: fu ricevuta quattordici volte in udienza privata, sia in Vaticano che a Castel Gandolfo. Papa Pacelli le donò il pastorale della sua ordinazione episcopale, avvenuta il

13 maggio 1917. Maria Teresa gli dedicò nel 1954, anno mariano, un testo sulla Madonna di settecento pagine dattiloscritte: *Onnipotente per grazia e mediatrice universale*, che egli lesse e annotò.

Le udienze con Papa Giovanni XXIII furono in tutto quattro. Il 15 ottobre 1959 fu ricevuta alla presenza del card. Wendel di Monaco e riferì sullo stato generale e particolare della Chiesa del silenzio, tra la commozione e la gratitudine del Papa. Il 20 dicembre 1959, alla presenza dei cardinali Ottaviani e Wendel, Maria Teresa poté riferire sulla Chiesa perseguitata, anche e soprattutto in vista del concilio Vaticano II. In precedenza, nelle notti dall'1 al 17 dicembre, Maria Teresa in bilocazione aveva visitato i rappresentanti di tutte le Chiese sotto il regime comunista. Il Papa le donò una pianeta, utilizzata come ricordo prezioso nella cappella privata di Urbania. In bilocazione la Carloni sarà presso il Papa morente l'1° giugno 1963.

Con Paolo VI i rapporti erano già noti da quando mons. Giovanni Battista Montini era sostituto alla Segreteria di Stato durante il pontificato di Pio XII. Il primo documento che lo testimonia è una lettera del 22 luglio 1954 da lui indirizzata alla Carloni. Da Paolo VI sarà insignita dell'onorificenza *Pro Ecclesia et Pontifice* l'1 dicembre 1963, consegnatale a Urbania dai vescovi Kurtev di Bulgaria e Segedi dell'ex Jugoslavia. Diverse furono le udienze private che seguirono, già a quella del 24 febbraio 1964, durata quaranta minuti. Nel 1968, durante un ricovero in clinica a Roma, Maria Teresa riceve la benedizione del Papa tramite il card. Šeper e poi l'addetto alla Segreteria di Stato mons. Montalvo. Rientrando a casa a Urbania riceve foto autografata del Santo Padre.

La conoscenza di Maria Teresa con Karol Wojtyła risaliva al suo viaggio in Polonia del 1963. Le udienze in Vaticano da Giovanni Paolo II a cui partecipò furono due. Il giorno seguente l'attentato del 13 maggio 1981 la Carloni fu in bilocazione presso il Papa sofferente al Policlinico Gemelli.

Compimento: l'apostola della Chiesa perseguitata è serva di Dio

L'apertura del concilio Vaticano II portò molti dei padri conciliari d'oltrecortina a Roma e, di lì, anche a Urbania. Quelli annotati nel registro delle messe celebrate nella cappella privata di casa Carloni furono diciannove vescovi e sette cardinali, tra i quali Wyszyński primate di Polonia, Slipyj metropolita d'Ucraina, Beran e Tomašek di Cecoslovacchia, Šeper e poi Kuharić di Croazia, König di Vienna. Il periodo del Concilio fu di intenso martirio mistico e di azione per le varie Chiese. Oltre a diversi viaggi in Jugoslavia e uno in Russia già indicato, si segnalano quelli in Africa, Polonia, Bulgaria, Terra Santa, Ungheria, Cecoslovacchia. Poi, dal 1972, Maria Teresa non uscì più dall'Italia. La salute era troppo minata. Maggiori meriti e vantaggi derivarono a tutta la Chiesa proprio da questa solitudine.

Una peritonite inoperabile per le condizioni del suo fisico la condusse alla morte il 17 gennaio 1983, alle ore 11.20. I funerali furono celebrati a Urbania il 18 gennaio dall'arcivescovo di Urbino mons. Donato Bianchi, dal vescovo boemo mons. Jaroslav Škarvada, ex segretario del card. Giuseppe Beran, in rappresentanza di tutta la Chiesa perseguitata. Condoglianze giunsero da ogni parte. Venne tumulata nella nuda terra, come voleva, nel cimitero di Urbania, con la scritta da lei desiderata sulla lapide: *"Mihi vivere Christus est et mori lucrum"* (*Fil* 1, 21).

L'intero archivio di documenti e oggetti di colei che presto fu chiamata *"l'apostola della Chiesa perseguitata"* dal 14 settembre 2013, trentesimo anniversario della sua scomparsa, si trova conservato in mostra permanente presso il Museo storico nel Bastione San Rocco del santuario nazionale mariano polacco di Jasna Góra a Częstochowa. Con editto del 9 novembre 2015 l'arcivescovo di Urbino-Urbania-Sant'Angelo in Vado, mons. Giovanni Tani, ha avviato la causa di beatificazione della serva di Dio.

Curiosa genesi del viaggio in Terra Santa

Nel settembre 1966 Maria Teresa Carloni da Zagabria e Belgrado si inoltrò nel sud della ex Jugoslavia tra le minoranze cattoliche albanesi, sino alle frontiere con l'Albania, allo scopo di raccogliere notizie sulla impenetrabile nazione. Le potette avere da un prete clandestino che fungeva da camionista e faceva la spola tra Albania e Jugoslavia. Meta specifica, però, di questo viaggio era la Bulgaria, dove giunse, accompagnata dall'arcivescovo di Belgrado mons. Gabriele Bukatko, nel pomeriggio del 10 ottobre di quel 1966. Maria Teresa constatò l'estrema povertà del vescovo di Sofia, mons. Kirill Kurtev, e del suo ausiliare, mons. Methode Stratiev. Ancor più povera e misera le apparve la condizione del vescovo di Plovdiv, mons. Simeon Kokov, il quale viveva in un'unica stanza che fungeva da cappella, camera da letto, studio e soggiorno. In data 12 ottobre 1966 annota nel suo diario: *"E così continua a vivere la Chiesa, o per lo meno un lembo della Chiesa perseguitata"*. E aggiunge: *"Mons. Kokov, felice di rivedermi* [era stato a Urbania durante una sessione del concilio Vaticano II il 15 novembre 1964, ndr], *mi ha consegnato, restando nella fiducia di me, documenti preziosi da consegnare al Santo Padre. Io ho promesso di consegnare e dire a voce ciò che lui in segreto mi ha detto. Ho promesso e manterrò la mia parola fino all'estremo"*. Conobbe inoltre le spaventose sofferenze subite dalla comunità greco cattolica in particolare e le ristrettezze in cui versava, nonché l'assoluta mancanza di ogni libertà. Nascose la documentazione, scritta su stoffa, nella fodera della gonna. Il resto seppellì nel proprio cuore. Parlò quindi con sacerdoti ridotti in miseria e impediti di ogni azione pastorale. Un parroco che aveva subito nove anni di prigione si rifiutò di narrare il martirio vissuto, scusandosi perché *"mente umana non potrebbe comprendere e tanto meno ammettere"*. Ritornata a Sofia Maria Teresa consumò con mons. Kurtev una cena a base di granoturco lessato e latte conservato e la mattina del 14 ottobre ripartì per Zagabria e Lubiana; il 16 arrivò a Trieste. Sulla Chiesa bulgara scrisse nei propri appunti impressioni dolorose: *"Se la politica non cambierà, si può letteralmente dire che quella Chiesa è in agonia [...]. Le prigioni sono aperte e sempre pronte e molti sono i sacerdoti e i laici che in esse vengono rinchiusi e torturati senza pietà. Il 90 per cento dei sacerdoti sono stati imprigionati e lo sono tuttora. Non c'è requie in questa caccia all'uomo cattolico. Eppure, nonostante tutto ciò, la fede e la resistenza dei consacrati e dei fedeli non hanno misura"*.

Il 17 ottobre giunse a Trieste in auto l'arcivescovo di Lubiana, mons. Jozef Pogačnik, e insieme proseguirono fino a Urbania. Il 18 ottobre l'arcivescovo partì per Roma con la promessa di interessarsi subito in Segreteria di Stato per l'udienza pontificia privata con Paolo VI, dovendo Maria Teresa consegnare i documenti segreti e riferire personalmente solo al Papa quanto a viva voce le era stato detto. Parte dei documenti, oltre che dalla Bulgaria, provenivano pure dalla Russia e dall'Ucraina.

Purtroppo, però, mons. Pogačnik l'indomani fece sapere che la Segreteria di Stato prima di permettere l'udienza con il Papa voleva indicati i motivi della richiesta. Questo era impossibile per la consegna del segreto a cui era tenuta Maria Teresa e la sua missione. Andò allora a Roma il suo padre spirituale, mons. Cristoforo Campana, e parlò con mons. Bongianino della Segreteria di Stato, mostrando senza aprirli i documenti che dovevano essere consegnati personalmente dalla Carloni al Papa. Mons. Bongianino indicò di far scrivere una lettera dal proprio arcivescovo. Ciò fu immediatamente fatto, ma dopo un altro mese non vi era ancora alcuna risposta. Maria Teresa allora scrisse direttamente a Paolo VI e consegnò la lettera, affinché venisse recapitata nelle mani del Papa, al card. Beran, il quale chiese udienza al Pontefice unicamente per recapitargli la missiva della Carloni. La lettera aveva un tono molto forte, dettato dalla decisa volontà di raggiungere lo scopo. L'unico obiettivo era quello di far conoscere quanto le era stato consegnato sia per iscritto che a voce, e di cui si era fatta garante per il conseguimento della destinazione. L'amore ai perseguitati spinse la Carloni ad agire in tal modo, forse anche richiamando l'attenzione del Papa ad un'autonomia assoluta per quanto concerneva la Chiesa perseguitata. Lo stesso Paolo VI apprezzerà quello scritto in tal senso.

Intanto, la mancata udienza pontificia privata, che avverrà solo il 19 gennaio 1967 e che durò quasi un'ora, ebbe dolorose ripercussioni su Maria Teresa, che si vedeva impossibilitata a portare fino in fondo il compito assegnatole a servizio della Chiesa perseguitata. La sequenza della sua amarezza nelle annotazioni da ottobre a dicembre è impressionante. Il 28 dicembre nel suo diario infine si legge: *"[Al card. Beran] ho consegnato la lettera indirizzata al Santo Padre, quanto di incartamento mi aveva consegnato Sua Ecc.*

za mons. Kokov e vari appunti sulle impressioni riportate in Bulgaria. [Al card. Slipyj ho consegnato] il panno dove è stata scritta in ucraino la situazione presente della Chiesa locale. Il tutto deve andare in mano a Sua Santità. Il card. Beran ha immediatamente fatto domanda di udienza privata. Ma... siamo al 28 dicembre e neppure la sua voce ha avuto riscontro presso la Segreteria di Stato. Domani ripasserò per Roma diretta in Terra Santa con il cuore rattristato, con sentimenti di tempesta contro chi non si cura, o meglio dimostra di disprezzare il grido e la richiesta di coloro che hanno sofferto e soffrono ancora per la fede. Tra i fedeli e il Papa si erge una barriera ostile agli uni e all'altro, e questa è la «Segreteria di Stato». Mangiatori alla greppia, chiusi di mente e di cuore, non cristiani e tanto meno preti. Gesù non è stato riconosciuto dai suoi, anzi, ancor più da loro oltraggiato e deriso; la stessa sorte è quella del Papa. Parto per la Terra Santa con questi sentimenti, ma da quelle zolle battute dal piede del Redentore si leverà il mio grido di sdegno e di protesta".

Lo sfogo della Carloni è duro quanto ardua era stata la sua missione al limite dell'impossibile. Si possono comprendere le sue ragioni, dettate dal rinvio di un'urgenza causa l'insormontabile burocrazia. In altra data aveva annotato: *"Non posso riferire ciò che ho saputo se non a lui [il Papa] senza tradire la richiesta di segreto. Forse posso scrivere in lettera sigillata, ma certe cose possono essere complete solo a voce. Necessitano domande e risposte che solo gli interessati, o chi per loro, sono in grado di comprendere e spiegare".* Sono comprensibili anche le riserve vaticane, che ovviamente non potevano neppure immaginare gli estremi motivi che inducevano una semplice donna a chiedere udienza privata dal Papa. Tra il dramma di una missione da compiere ad ogni costo per la Chiesa martire e l'amarezza degli impedimenti burocratici che non lo consentivano, la Terra Santa offre a Maria Teresa il ristoro alle fonti della fede, in cui tutto rimettere in umile abbandono al Signore.

Un itinerario di cinquant'anni fa

Quando Maria Teresa Carloni compie il suo pellegrinaggio in Terra Santa i confini tra lo Stato d'Israele e gli Stati confinanti erano sensibilmente diversi dagli attuali. Nel suo diario di viaggio la Carloni descrive subito il sorvolo sulla città di Gerusalemme e l'atterraggio, poco dopo, in quello che chiama "aeroporto di *Qualandijeh*". Si tratta dello scalo aereo denominato *Kalandia Airfield*, nato come pista militare negli anni Venti del secolo scorso, durante il mandato britannico della Palestina, e nel 1936, dopo lavori di ampliamento, aperto anche ai voli civili. Con la fine del mandato di Palestina e la guerra arabo-israeliana del 1948 il sito aeroportuale, conquistato dalla Legione Araba, entrò sotto il controllo della Giordania, che negli anni Cinquanta lo ristrutturò come aerostazione civile chiamandolo *aeroporto di Gerusalemme*. Danneggiato durante la Guerra dei sei giorni (5-10 giugno 1967) e occupato dagli israeliani, rimase chiuso fino al 1969, poi ha cambiato nome in *aeroporto di*

Atarot. È stato nuovamente chiuso nel 2001 durante la seconda *intifada*.

Tra il 1949 e il 1967 la Giordania aveva annesso la Cisgiordania e gran parte di Gerusalemme, compresa la Città Vecchia, impedendo agli ebrei l'accesso al Muro Occidentale e agli arabi israeliani l'accesso alle moschee. Inoltre, l'accesso al Monte Scopus, sede dell'Università Ebraica rimasta in territorio giordano, doveva esser garantito dal passaggio Mandelbaum. Di fatto, però, solo stranieri e dignitari religiosi potevano attraversare la frontiera.

Questi confini di Israele cambiano dopo la Guerra dei sei giorni nel 1967, durante la quale lo Stato ebraico annette Gerusalemme Est, strappandola alla Giordania, e le Alture del Golan, conquistandole alla Siria. Israele inoltre occupa la Cisgiordania e Gaza, che l'Egitto non ha più rivendicato, e il Sinai. Dell'occupazione di queste terre rimane ancora aperto il contenzioso sulla giurisdizione di parte della Cisgiordania, ma anche il nodo di Gerusalemme Est resta un problema politico sempre latente tra israeliani e palestinesi. I governi israeliani, pur non annettendo i territori conquistati, hanno negli anni favorito l'insediamento ebraico nelle nuove terre. Dopo il trattato di pace con l'Egitto, Israele completò la restituzione del Sinai nel 1982, smantellando i diciotto insediamenti costituiti. Con gli Accordi di Oslo nel 1993, ha quindi ritirato l'esercito da Gaza e dall'area di Gerico, mantenendo la presenza per la sola difesa degli insediamenti israeliani. Nell'estate del 2005, come parte del piano di evacuazione per far avanzare il processo di pace con i palestinesi, venne completato il ritiro da Gaza voluto da Ariel Sharon, con lo smantellamento delle ventuno comunità israeliane residenti. I confini regolati dall'armistizio del 1949 includevano invece in territorio israeliano solo la Galilea e il lago di Tiberiade (in ebraico, *Kinnereth*). La Guerra dei sei giorni fu un conflitto tra Israele da una parte, ed Egitto, Siria e Giordania dall'altra. Totale fu la vittoria israeliana. L'esito di quella guerra, la condizione giuridica dei territori occupati e il relativo problema dei rifugiati influenzano pesantemente ancora oggi la situazione geopolitica del Medio Oriente.

Maria Teresa va pellegrina nei Luoghi Santi esattamente sei mesi prima della guerra che vedrà cambiare ancora gli equilibri geopolitici di quella tormentata regione e si muoverà per lo più in Giordania, a cui appartenevano la maggior parte delle mete dei fedeli cristiani. Da questo deriva l'organizzazione delle visite assai diversa da quella solitamente proposta attualmente, quando i turisti, dopo aver sorvolato Tel Aviv, atterrano all'aeroporto Ben Gurion e iniziano dalla Galilea il proprio pellegrinaggio che, di solito, non include anche Petra. La Carloni invece svolge un giro inconsueto: da Gerusalemme scende al mar Morto durante il secondo giorno, dedicato quindi al deserto della Giudea; il terzo prevede la visita a Betlemme e poi, rientrando a Gerusalemme dove i pellegrini alloggiano in una Casa Nova francescana, visitano il Monte degli ulivi; il quarto giorno ha la visita a Meriba e, soprattutto, a Petra; nel quinto si fa conoscere ai pellegrini ancora la Città Vecchia di Gerusalemme coi suoi luoghi sacri e il Tempio; il sesto giorno vede lo spostamento in Galilea e, quindi, il passaggio di confine con Israele, per visitare Nazaret; il settimo ha in programma le tappe sul lago di Galilea e, infine, l'ottavo giorno viene dedicato ad Haifa e al Carmelo prima della partenza.

Dopo cinquant'anni, anche diversi siti cari ai pellegrini cristiani hanno subìto trasformazioni: basti pensare a Cafarnao e alla chiesa che ora sorge sui reperti archeologici della casa di Pietro, a Tabgha e alla chiesetta del Primato e, nel deserto di Giuda presso il mar Morto, la possibilità di salire in funivia a Masada o di visitare i ruderi di Qumran. Tre anni prima, negli stessi giorni del gennaio 1964, un illustre pellegrino aveva percorso lo stesso tragitto, benché più brevemente, facendosi latore di un messaggio di pace e di unità: Papa Paolo VI. Il 5 gennaio infatti, il Vescovo di Roma eletto successore di Pietro sei mesi prima, volle incontrare il patriarca ecumenico Athenagoras a Gerusalemme, dopo mille anni di scisma tra Oriente e Occidente, in pieno svolgimento del concilio Vaticano II, là dove tutto era cominciato duemila anni fa, segnando nella storia cristiana una data destinata a rimanere una pietra miliare della riconciliazione tra Chiese sorelle.

I Luoghi Santi agli occhi e nel cuore di una mistica

Il pellegrinaggio in Terra Santa ha un valore di grande portata sia per la vita spirituale che per la missione di Maria Teresa in favore della Chiesa martire. La Carloni aveva sempre desiderato ripercorrere le strade sulle quali era passato Gesù ed immergersi nella contemplazione di ciò che i Luoghi Santi potevano suggerirle per una vita ancor più unita a Dio e maggiormente proiettata verso i fratelli perseguitati e verso gli stessi persecutori.

Il Signore non deluse queste aspirazioni e Maria Teresa ricevette assai di più ed in modo impensato rispetto a quanto poteva sperare. Per tre volte il Signore si mostrò in modo singolarissimo sotto l'aspetto del *"Pastore"*: sul Monte degli ulivi al Getsemani, sul Monte Tabor e sul Monte delle beatitudini. I luoghi delle apparizioni del *"Pastore"* trasmettono un messaggio preciso: al Getsemani il Signore ha inteso insegnare l'infinito valore della sofferenza; sul Tabor ha indicato la trasfigurazione di tutto ciò che è umano in divino; all'altopiano delle beatitudini ha posto in rilievo l'esercizio della carità in tutta la sua vastità, esercizio che porta ad essere beati e giudicati validi davanti a Dio per tutta l'eternità.

A sottolineare lo specifico carattere della missione a vantaggio della Chiesa perseguitata in questo viaggio le fu compagno un vescovo clandestino, "Jesus", membro qualificato della Chiesa martire, pure testimone e partecipe delle tre divine apparizioni. Il nome "Jesus" fu scelto da questo vescovo alla sua conversione da brigante ad apostolo al tempo del card. Luigi Stepinac di Zagabria. Questa avvenne in una notte in cui si arrese al momento di compiere, con altri compagni, un atto di pirateria contro gruppi di sacerdoti clandestini che operavano nei dintorni di Krašić, dove il cardinale era stato confinato. Da allora il giovane aveva cambiato nome ed era diventato un cristiano così ardente da essere poi consacrato prima prete e poi vescovo.

Essendo di origine albanese, egli lavorava instancabilmente nel Montenegro, specialmente a favore degli albanesi. Lo zelo che aveva impiegato un tempo nel commettere il male, ora lo investiva nel compiere il bene. Egli morì, consumato dalle fatiche, ai piedi dell'altare nell'estate dell'anno stesso del pellegrinaggio in Terra Santa, il 1967, mentre stava iniziando la celebrazione della santa messa.

"Jesus" aveva raggiunto Maria Teresa all'aeroporto di Atene senza preavviso: solo in modo soprannaturale gli era stato comunicato che la Carloni andava in Terra Santa e i particolari per raggiungerla allo scalo greco. Nel suo diario ella non cita per nome l'amico per motivi di prudenza, né fa menzione del suo aggregarsi al gruppo di pellegrini nella capitale greca, onde conservare l'incognita. Fotografie scattate e riportate costituiscono un eccezionale documento di questo vescovo, naturalmente vestito in abiti borghesi.

Il viaggio della Carloni, da Roma, era iniziato il 30 dicembre 1966. Nel suo diario annota: *"Alle ore 10.45 mi trovavo all'appuntamento fissato ai pellegrini di Terra Santa. Siamo in quindici… Alle ore 13.30 con l'aereo Air France dall'aeroporto di Fiumicino abbiamo preso il volo per Istanbul. Solo una sosta di 35 minuti ad Atene. Un'ora e mezza di volo, senza la sosta, ed eccoci a Istanbul, la nota Costantinopoli, l'Acquedotto Valente, la Torre Galata, il Gran Bazar, la Moschea Azzurra, il Serraglio, il Corno d'Oro, la gita sul Bosforo"*. Il 31 dicembre 1966 continua a scrivere: *"Abbiamo sempre con l'aereo raggiunto Beirut. Nulla di turisticamente importante, fatta eccezione dei costumi locali e della grande baldoria per fine anno. Domani finalmente raggiungerò la meta del mio viaggio. La Terra Santa!"*.

Tutto l'insieme delle vicende narrate è motivo di profonde riflessioni per Maria Teresa. Il racconto del viaggio e di quanto accadde durante il suo svolgimento è semplice e vivo, senza forzature nei particolari, alieno da ogni autosuggestione anche per la spiccata reazione a quello che si verificava in modo misterioso. Ella descrive, tra l'altro, la delusione di aver trovato molti luoghi sacri pressoché rovinati e quasi profanati dalle costruzioni moderne e dalle contese tra le diverse comunità cristiane. In primo piano comunque sono sempre poste le pagine della Sacra Scrittura e, di queste, del Vangelo in particolare. L'8 gennaio 1967 il pellegrinaggio termina. Ad Atene "Jesus" si separa da lei e torna tra le sue montagne dove appunto morirà circa sei mesi dopo, in giugno. Dunque, è l'ultima volta che si incontrano in questo mondo. Nel pomeriggio di quello stesso giorno la Carloni è già a Roma dove l'attende il card. Beran per comunicarle che è stato ricevuto da Paolo VI e che, quindi, anche per lei l'udienza privata è finalmente imminente.

Valore del testo oggi e note editoriali

Dal celeberrimo *Diario di viaggio* della pellegrina Egeria, di fine IV secolo, e dalle impressioni scritte da San Girolamo, nello stesso periodo, in alcune sue *Epistole*, specialmente la 46 e la 58, riguardo ai Luoghi Santi percorsi con le fedelissime collaboratrici della sua équipe biblica, prima di stabilirsi definitivamente a Betlemme, ad oggi, molti e interessanti sono i resoconti che attraverso i secoli lasciano testimonianza di usi, costumi e soprattutto fede vissuti nella "terra del Signore". Guerre e crociate non interruppero completamente questa tradizione di presenza cristiana ricca di stupore nel percorrere regioni e città sulle orme del Dio incarnato. Quando tutto sembrò precluso all'accesso dei discepoli del divino Galileo a quelle regioni, ecco che Dio suscitò un santo il quale potesse essere in quel tormentato Medio Oriente "strumento della sua pace": Francesco d'Assisi. Dal 1219 al 1220 egli compì il viaggio che lo vide prima presso il sultano al-Malik al Kalim e poi, con un lasciapassare dello stesso, oltre la Siria e l'Egitto: la Palestina. Se dell'incontro con il sultano, di cui fu prima prigioniero e poi ospite per mesi, le *Fonti Francescane* testimoniano ampiamente, del secondo aspetto resta tuttavia soltanto un laconico indizio nella *Cronaca* di Angelo Clareno (cfr. FF 2156). È comunque un dato la presenza francescana da oltre ottocento anni in Terra Santa.

Invece, di altre due donne viene esplicitamente ricordato il pellegrinaggio ai Luoghi Santi: Ortolana, madre di santa Chiara d'Assisi, e santa Brigida di Svezia. Della prima, Tommaso da Celano scrive all'inizio della biografia della santa di Assisi che Ortolana "benché legata in matrimonio e vincolata alle cure della famiglia [...] per devozione si recò oltremare in pellegrinaggio e visitò quei luoghi eccezionali, che Dio fatto uomo ha santificato con le sue sacre orme, ritornandone infine indietro nella gioia" (FF 3155). Questo dovette avvenire presumibilmente negli ultimi anni del XII secolo. La seconda, patrona d'Europa, morì a Roma il 23 luglio 1373 al ritorno dal pellegrinaggio in Terra Santa. Tali notizie sono speciali sia perché segnalano il flusso continuo di devoti cristiani verso i Luoghi Santi in tempi difficili per compiere detto viaggio, sia per il fatto ancor più singolare che vede protagoniste delle donne: consacrate nella vita monastica o in quella coniugale di solito la loro esistenza non poteva esporsi a tanta avventura, resa maggiormente intraprendente dalle modalità poco sicure e complesse dei viaggi dell'epoca.

In seguito si avrà una nutrita letteratura mistica femminile che fino al XX secolo offrirà descrizioni dettagliate dei Luoghi Santi quali scenari delle vicende evangeliche da parte di persone che mai li visitarono fisicamente, ma che hanno, con le loro indicazioni, fornito talvolta preziosi indizi a biblisti ed archeologi contemporanei. Basti qui citare Caterina Emmerick e Maria Valtorta.

Maria Teresa Carloni, con il suo testo ora per la prima volta presentato integralmente alle stampe, si colloca in questa plurisecolare tradizione letteraria, con l'originalità dell'acutezza critica, e talvolta giornalistica, delle sue osservazioni, che insieme si sposa con l'intensità del suo afflato spirituale, tutto proteso a *vivere* i Luoghi Sacri più che a "visitarli", e con l'evento soprannaturale che accompagna la sua esperienza mistica, sempre ordinata alla sua specifica missione per la Chiesa perseguitata. Di quest'ultima è come un testimone "sacramentale" il vescovo clandestino misteriosamente aggregatosi al pellegrinaggio, a lei noto per le molte volte nelle quali l'aveva incontrato durante i suoi viaggi nell'ex Jugoslavia compiuti già dal 1959, quando sempre si spingeva fino alle regioni più meridionali e recondite del Paese, ai confini con l'Albania.

La ricchezza dei brani biblici che la Carloni riporta nel suo diario di viaggio induce il lettore a vedere i Luoghi Santi più con gli occhi della Rivelazione evangelica che con quelli dell'autrice, e con lei a cercare piuttosto il dato e il messaggio genuino che ancora sgorga da essi, piuttosto che a fermarsi sui templi edificati da mano d'uomo nel tempo. Allora per ciascun "lettore-pellegrino" con le pagine sarà sempre possibile l'incontro personale e interiore con "*il Pastore*" che come ai pellegrini di Emmaus spiega le Scritture e apre su di esse il cuore e la mente con la luce della grazia.

Per esigenza editoriale, alle giornate del *Diario* di Maria Teresa Carloni sono stati apportati titoli indicativi delle varie tappe e, in particolare, degli incontri con "*il Pastore*". Si è ritenuto opportuno lasciare la versione italiana del testo biblico secondo quello utilizzato dall'autrice. È parso utile arricchire il libro con una seconda parte che include testi pure inediti della serva di Dio e risalenti agli anni dal 1951 al 1955, preludio del pellegrinaggio in Terra Santa, complemento dello stesso nella profonda riflessione del mistero di Cristo, velo alzato sulla capacità interiore di una donna straordinaria di amare "il Signore Dio con tutto il proprio cuore, con tutta la propria mente e con tutta la propria forza e il prossimo come se stesso" (cfr. *Mc* 12,29-33).

Si è scelto di conservare il più possibile le scelte stilistiche dell'autrice, per restituire al lettore il testo nella sua originalità.

Bibliografia

Ampia documentazione su Maria Teresa Carloni è pubblicata nei testi: A. Di Chio-L. Mirri, *Una donna nel cuore della Chiesa. Lettere a Maria Teresa Carloni*,

Minerva, Bologna 2003 (tradotto anche in polacco: *Maria Teresa Carloni apostołka prześladowanego Kościoła*, Loretanek, Warszawa 2009, e in croato: *Kardinal Šeper među velikanima Crkve Istočne Europe*, Kršćanska Sadašnjost, Zagreb 2005); ID., *Il soffio dello Spirito nella storia. Missione e vita di Maria Teresa Carloni*, Minerva, Bologna 2004; M.T. CARLONI, *Eucaristia fonte di speranza. Con Gesù il tempo viene consumato*, A. DI CHIO-L. MIRRI (edd.), Minerva, Bologna 2005; A. DI CHIO-L. MIRRI, *Maria Teresa Carloni apostola della Chiesa perseguitata*, Arcidiocesi di Perugia, Perugia 2005; M. T. CARLONI, *Via Crucis definita da Pio XII "una gimkana biblica"*, A. DI CHIO-L. MIRRI (edd.), Minerva, Bologna 2008; A. DI CHIO-L. MIRRI, *Martirio e speranza. Il carisma di Maria Teresa Carloni*, Frate Indovino, Perugia 2009; A. DI CHIO-L. MIRRI (edd.), *Testimoni della Chiesa perseguitata. Missione di Maria Teresa Carloni* (in polacco: *Świadkowie prześladowanego Kościoła. Posłannictwo Marii Teresy Carloni*, Katalog wystawy, inglese e italiano), catalogo mostra, Jasna Góra w Częstochowie 2013; C. CAMPANA, *Una missione per la Chiesa perseguitata. Itinerario di Maria Teresa Carloni*, EMI, Bologna 1990.

PARTE PRIMA
Viaggio in Terra Santa

Inizia il pellegrinaggio

1 gennaio 1967

Sono le ore 7 del mattino, il microfono dell'aereo annuncia: "Smettete di fumare, allacciate le cinture, siamo su Gerusalemme, fra pochi minuti si atterra".

I più pignoli, nonché paurosi, si precipitano a massacrare immediatamente quel povero resto di sigaretta, e con mani nervose stringere la cintura. I più audaci, ben sapendo che ci sono ancora sia pur pochi minuti, aspirano un'ultima boccata di nicotina, mettono la cicca nel portacenere, lo chiudono, poi le mani ormai libere si dirigono verso la cintura e tenendola in pugno senza agganciarla attorno alla vita, schiacciano il naso contro il vetro degli ovali finestrini.

Si vola sopra Gerusalemme e subito si nota che essa non è più la biblica città: strade, palazzi, giardini, una città come tutte le altre. Un punto solo è quello che colpisce, attira e ti fa gridare:

"Ecco apparir Gerusalem si vede
ecco additar Gerusalem si scorge
ecco da mille voci unitamente
Gerusalem salutar si sente",

ed è questo: la spianata del Tempio.

Tale primo assaggio è veloce: l'aereo si allontana, gira dando l'impressione che curvi le sue ali ed eccolo sopra la pista di atterraggio. Una lieve scossa, un rullio di ruote, qualche giro di manovra e innanzi all'occhio del viaggiatore è la stazione dell'aeroporto: *Qualandijeh.*

La Gerusalemme intravista bisogna ora raggiungerla e si prende un taxi. Si devono percorrere 12 km e poi ecco la Porta di Damasco e subito dopo quella di Erode. È la Gerusalemme vecchia in terra di Giordania. Costeggiando il muro di questa antica parte della città, verso est, si apre improvvisamente la Valle del Cedron. Valle profonda e internata, ma fiorente e ricca di verde. Valle tanto amata da Gesù e che sembra esistere ancora solo per dividere il Tempio dal Monte degli ulivi. L'occhio assetato di spiritualità si immerge in quella valle e pensa che proprio essa abbia dato ristoro allo sguardo di Gesù, prima che si elevasse sul panorama di Gerusalemme per fissarsi poi sul magnifico Tempio di cui non è rimasta pietra su pietra.

Tendendo al sud, sempre costeggiando le mura, si incontra la Porta di Santo Stefano, cara ai cristiani, perché qui il protomartire ha sofferto ed è morto perdonando e benedicendo. Ancora pochi passi ed ecco la Porta Aurea. Ora chiusa, ma tutti sanno che attraverso questa Gesù è entrato trionfante, per poi, al di là di essa, morire.

Si scende ancora e l'angolo del Pinnacolo del Tempio mostra orgogliosamente, frecciando netto contro il cielo, il suo dirupo sottostante: la seconda tentazione subita da Gesù.

La Valle del Cedron che ha sempre accompagnato questo tragitto ora improvvisamente si chiude, e dirigendosi verso nord-ovest appare orrida e tetra la *Valle della Gehenna*. Sporca, lurida si può dire, senza vegetazione, sterile. In essa venivano gettati tutti i rifiuti della città (ora non più), ma è sempre rimasta orripilante e morta, e per sempre la Gehenna sarà identificata con l'inferno.

Salendo verso il nord, stretta fra due mura c'è la strada che conduce alla *Porta di Giaffa*. Essa è uno fra i tanti, punto di confine fra la Giordania e Israele, ed è quasi chiusa e circondata da sentinelle.

Una breve deviazione nell'interno conduce a *"Casa Nova"*, un alloggio tenuto dai francescani. La zona si chiama quartiere cristiano, ma è difficile spiegare il perché di questo nome battesimale.

Dopo un breve riposo che si sfrutta solo a pro del fisico ma non dello spirito (poiché esso vaga poeticamente in zona anelata e sconosciuta), si inizia il pellegrinaggio. Che può all'inizio offrire Gerusalemme se non il Golgota e il Santo Sepolcro? La mente e il cuore ritornano alle interpretazioni personali durante la lettura della Sacra Scrittura. Si riportano a ciò che i nostri genitori hanno detto perché creduto: il Golgota frecciante contro l'azzurro del cielo; il Sepolcro ai suoi piedi ricco di dolore e di tristezza. Amara delusione, sentimenti sconcertanti: l'uomo ha voluto fare della Terra Santa un luogo di sfruttamento turistico, un luogo di guadagno, di lotta religiosa, di miscuglio di arti, di gusti, di ricchezza, di cianfrusaglie. Tutti i palpiti più profondamente religiosi crollano fin dal primo ingresso nella basilica del Santo Sepolcro. Il Calvario lo si può solo immaginare, il Sepolcro lo si ricorda perché per entrarvi o per uscirvi (anche se si è piccoli di statura) si batte con fragore e inevitabilmente la testa. La pietà dei fedeli è sfruttata poi dagli avvoltoi religiosi, che hanno chiuso la visione di questo sacro lembo di terra. Il tutto è racchiuso in una basilica ove si sparpagliano cappelle latine, greche, armene, copte, siro-giacobite, abissine. Ognuna di esse fa sfoggio di ricchezza e arte locale. Forse, vedute con uno sguardo universale, vedute a una a una con fissi e lunghi intervalli, si potrebbero capire le varie armonie che esse emanano, ma visitate così, in massa, con il cuore già sconcertato, appaiono come la profonda stonatura e orripilante discordanza di erotici pezzi di musica (individualmente forse belli), ma suonati tutti violentemente e contemporaneamente. È la rivolta dello spirito, il pentimento di aver tanto viaggiato.

Ma per fortuna la Terra Santa non è solo nel deformato Calvario e nel Sepolcro reso insipido. Sarebbe stato tanto bello se il tutto fosse rimasto senza la profanazione del pietismo religioso. Ci sono ben altri luoghi che mano di uomo non ha toccato, o se toccato, non è arrivata a chiudere lo sfondo della naturale bellezza.

El-Birech: qui Maria e Giuseppe si accorsero di avere smarrito Gesù. Qui è la prima fontana che, ai tempi del Redentore, dissetava i viaggianti che si recavano da Gerusalemme in Galilea attraverso la Samaria.

Dallo sconcerto si entra in una fase tenera, familiare. L'acqua ancora zampilla, le palme danno ombra e ristoro. L'occhio spazia su un magnifico panorama il cui orizzonte si perde nell'infinito e il cuore gioisce ed esulta, ma il tenue ticchettio della fontana, l'ombra ondulata ed accarezzevole delle palme, portano di colpo alle lacrime dei genitori attoniti di fronte al rinvenimento della perdita, al cupo opaco dolore del loro cuore schiantato.

L'anima a tutto ciò rabbrividisce e freme, mentre l'occhio ribelle spazia verso l'orizzonte e vede *Silo*, luogo ove per punizione di Dio l'Arca Santa "Tabernacolo" rimase oltre tre secoli fino a che fu rubata dai filistei.

La perdita di Gesù, il furto del Tabernacolo: l'occhio vuole vivere e gira (se si può dire) sulle sue spalle ed ecco il maestoso *Garizim*, ultima sosta dell'Arca dell'Alleanza protetta da Giosuè prima di finire miseramente sul Silo. Ma – e ciò è più bello – Gesù da qui scendeva stanco e affamato verso il pozzo di Giacobbe. Siamo in piena *Samaria* e Gesù era giudeo. Pochi passi ed ecco l'incontro con la samaritana; altro punto che si potrebbe dire strategico, se non fosse guastato dalla mano dell'uomo: un'edicola racchiude il pozzo; ci si può accostare, si può sedere sui suoi bordi, si può bere l'acqua di quella cisterna che mai si è esaurita, ma le mura dell'edicola tolgono la visuale del panorama che con certezza ha tanto favorevolmente influito sul riposo distensivo della stanchezza di Gesù.

Da qui (un balzo nel tempo, ma minimo nel chilometraggio), il pellegrino giunge a *Emmaus*: Gesù risorto incontra due discepoli. Si unisce a loro; accetta la loro ospitalità perché scende la notte; spezza con loro il pane, ed essi finalmente lo riconoscono. "*Resta con noi, o Signore, ché si fa sera!*". È questo il grido che sgorga anche dal cuore del viandante di oggi.

Da Gerusalemme
al mar Morto

2 gennaio 1967

Eccoci sul *Monte degli ulivi* dopo aver discesa e risalita la Valle del Cedron. Da qui la Città Santa si rivela maestosa e la spianata del Tempio non può passare inosservata. L'orizzonte si perde lontano e il silenzio profondo (rotto dal solo cinguettio degli uccelli) riempie il cuore di tanta pace e di celestiale dolcezza. I colori della natura sono stupendi: il sole sfreccia sul tenero verde degli ulivi trasformandolo in un terso bianco cristallino. Sembra di essere circondati di tante linguette vellutate, morbide, soffici come tanti batuffoli di lana candida.

È il luogo questo dei ricordi più sacri: lo sguardo di Gesù richiamato dal sussurrare degli apostoli s'innalza al di sopra della Valle del Cedron e guarda Gerusalemme, la Città Santa, la città sacra. La città che ferisce il cuore del Redentore e lo fa gridare: "Su te non resterà pietra su pietra!", mentre indica il Tempio che per le sue mura e per la sua costruzione ciclopica sembrava sfidare i secoli… e il Tempio è caduto.

In questo stesso Monte degli ulivi Gesù, un giorno non lontano, ascenderà al cielo. Gli apostoli non lo sanno, ma lui lo sa. Il luogo del suo pianto sarà il luogo del suo trionfo per l'eternità, sarà il luogo in cui Cristo torna al seno del Padre suo dopo aver compiuto la missione da lui affidatagli.

Sempre sul Monte degli ulivi e nelle vicinanze del luogo in cui lacrime divine sono sgorgate non tanto per una distruzione di un Tempio, bensì per quella di una umanità non credente, ecco il punto ove Gesù ascese al cielo. È rimasto un sasso di roccia come unico testimone e violato dalla mano dell'uomo perché su di esso ha edificato un'edicola. Se questa non ci fosse, tutto attorno brillerebbe la natura: ad est la cima del Monte degli ulivi, ad ovest la scoscesa Valle del Cedron sulle cui alture sovrastanti si erge il magnifico Tempio destinato alla rovina.

Sul sasso si intravvede un'impronta. La tradizione dice che sia l'orma del piede sinistro del Cristo quando, sollevandosi verso il cielo, ha alzato il piede destro nello stesso modo con cui un atleta si solleva per scavalcare un ostacolo. Questo umano richiamo sconcerta chi visita il luogo con un senso di vera e profonda spiritualità. Non è l'orma (che in realtà non ha nulla di traccia umana, ma che traccia umana si può vedere solo nella fantasia) che attira la mente. L'edicola scompare, scompare l'orma, si apre libera la visione del Monte degli ulivi e della città che avrebbe visto la morte del figlio di Dio[1]. Si scopre in altre parole: la moltitudine delle anime che comprendendo soffrono e seguono il Maestro, e quella di coloro che si allontanano attendendo chissà quale nuovo Messia ricco di potenza materiale.

Poco distante vi è un altro luogo che costringe il pellegrino ad una sosta. Anch'esso è deturpato dall'uomo: è un'altra edicola che si vuole chiamare chiesa. In essa, scendendo qualche gradino, si giunge ad una grotta dove Gesù stanco, quale uomo, ha riposato; e poi, importunato dagli apostoli, ha dettato loro la somma preghiera: il *Pater noster*. Gli uomini hanno voluto rendere questo luogo un centro turistico e i turisti prima di sostare in questa grotta devono ammirare moltissime lapidi, ove in altrettante lingue si ripete ciò che Gesù disse in un unico dialetto comprensibile a tutto il mondo perché è linguaggio del cuore: *Pater noster*, riconoscimento di figliolanza e invocazione al Padre comune. A pochi passi, sempre sul Monte degli ulivi, esisteva, ai tempi di Gesù, *Bètfage*, il paesetto dove fu prelevato l'asinello che ebbe il grande dono di essere cavalcato dal Redentore. Gli uomini hanno dissotterrato una

---

[1] Quanto s'imprime subito nel cuore della mistica di Urbania, favorita dal Signore delle sofferenze e delle ferite della sua Passione specialmente durante le tre ore del Venerdì, è il ricordo della Passione e della morte di Cristo. La vista di Gerusalemme le si offre come il simbolo di tutto il dramma della divina e dolorosa redenzione del mondo.

pietra e dicono che proprio su quel punto il Maestro abbia posto il suo piede per salire sulla cavalcatura. Ma tutto ciò al pellegrino fedele interessa ben poco. Anzi disturba, perché a forza lo trattiene in pensieri umani, mentre vorrebbe superare la cavalcatura dell'asinello per spingersi ben più lontano e precisamente verso la traiettoria dello sguardo divino che certamente non ha individuato se l'asino era bianco o bigio, ma si è diretta verso lo spazio infinito dei secoli passati, presenti e futuri.

Continuando il pellegrinaggio sempre disturbato dalla guida che vuol fare ammirare più l'opera dell'uomo che il luogo battuto da Gesù, si giunge a *Betania*: villaggio situato proprio ai fianchi del Monte degli ulivi. È quella Betania ove Gesù con le sue parole non ha inteso disprezzare l'opera ospitale di Marta, ma a lei e per lei all'umanità intera ha fatto comprendere la più grande e perfetta ospitalità: quella del cuore.

Betania: il paese tanto amato da Gesù. Il focolare presso il quale Gesù ha sempre sostato per riposare prima di giungere al Tempio: luogo questo di predicazione e di tormento. Betania: la pace, il sonno ristoratore nell'amplesso e nel conforto di braccia fedeli. Nel lieve fruscio dell'aria si sente la pace e la sicurezza. Si può comprendere come Gesù qui abbia potuto riposare. Ora, se tornasse, non riposerebbe più: anche qui è giunta la mano dell'uomo. Gli alberi, i cespugli, i fiori devono crescere come e dove gli uomini vogliono. Bisogna chiudere gli occhi, immedesimarsi nell'ansiosa attesa dei tre fratelli: Lazzaro, Maria, Marta, per vedere la Betania di Gesù.

Si vorrebbe riposare ove il Nazareno ha riposato, ma al turista è permesso solo di assaporare e muoversi repentinamente. Dalla pace di Betania l'itinerario conduce a forza alla visione del *Monte della quarantena* che alto, deserto, quasi spaventoso e orrido, si erge fra la riposante Betania e la dolce Valle del Giordano.

Qui Gesù ha sostato, pregato, digiunato non prima del suo battesimo, ma dopo. Il pellegrino può facilmente intuire questo. Il pellegrino comprende che il facile lavacro battesimale conduce proprio al Monte della quarantena, ossia alla vita di un continuo sacrificio. Questo monte salito da Gesù è il simbolo del nostro calvario. Qui la tristezza, l'abbandono, la notte dello spirito, la tentazione: addio Betania! Addio bella Valle del Cedron: alle spalle rimangono le limpide acque del Giordano mentre all'orizzonte offuscato come da nebbia appare il Golgota e la Valle della Gehenna.

Ma Gesù, Maestro ed esempio, pur tentato ed affamato discende integro, maestoso e solenne questo monte a cui ben si addice il nome di Covo degli avvoltoi, ammirando la stupenda e ricca valle di Gerico. Cammina ancora, e banani ed aranceti forse lo circondano, ma dove va? Il pellegrino non può saperlo: deve accontentarsi di ciò che ha visto, di dove Gesù è passato. Questi va verso il pieno della sua vita apostolica, quello a ritroso, salutando la Fonte d'Eliseo, si dirige verso il Giordano per inchinarsi sulle sponde di quel fiume salutato dagli ebrei, costeggiato dal Battista, reso immortale dalla testimonianza del Creatore all'atto del battesimo di Gesù con la sua eterna Parola: *"Ascoltatelo!"*.

Ma prima di giungere al Giordano vi è un deserto: il *deserto di Giuda*, immenso, squallido ma ricco di attrazione, che accompagna il turista per chilometri e chilometri. Erbe e locuste, un cilicio di pelle ruvida, non canna sbattuta dal vento, ma voce che grida nel deserto: ecco il *Giovanni precursore*, quel Giovanni che ha detto con l'esempio: "preparo" e con la voce: "preparate le vie del Signore". Il tragitto è lungo, ma privo di quella monotonia della quale tante volte si accusa (ingiustamente) un deserto qualsiasi. Anzi, al contrario, esso ha il suo fascino: gli innumerevoli colori che il sole dona generosamente e che la terra con tanta riconoscenza accetta, l'ondulazione delle rocce simile ai dorsi di uno spettacolare gregge al pascolo, i non rari miraggi che si perdono nell'orizzonte, il silenzio arcano e profondo fanno di questo lembo di terra una delle più grandi meraviglie naturali. Se poi lo si percorre appollaiati sulla vetta del gigantesco dromedario, esplode il grido dell'anima quasi in volo verso l'infinito. È naturalmente comprensibile il carattere ascetico, romantico, contemplativo dei pastori e dei carovanieri. La solennità poetica e maestosa del luogo è rotta di tanto in tanto (ma non per questo violata) dal lieve e vivace trotterellare di qualche piccolo dromedario, nel quale ancora sono in bozza l'austerità, la mitezza e lo sguardo triste e nostalgico dell'adulto amico dell'uomo. Dall'alto di questo vivente mezzo di trasporto si domina veramente l'affascinante mistero del deserto e sembra di essere al centro e sulla cima di un solenne monumento. Poi le rocce si appianano, il terreno diviene un poco acquitrinoso, la cavalcatura si ferma di botto, piega le sue giganti zampe anteriori, e se la mente del cavaliere tiene ancora i suoi occhi fissi e assorbiti nel limpido e celeste cielo il cui colore è sola caratteristica dell'Oriente, corre l'inevitabile rischio di trovarsi a capofitto nelle acque del *Giordano* per un improvviso e inatteso secondo battesimo.

Qui il quadro è completamente diverso: clima dolcemente fresco, vegetazione fiorente in una miriade gamma di verdi sfumature. Le acque scorrono leggere e silenziose; solo un lieve fruscio si accorda con l'altrettanto lieve ondeggiare degli alti fusti.

Sensazioni diverse, ma non per questo meno belle di quelle offerte dal deserto di Giuda ora alle spalle del turista. Qui l'Agnello di Dio che toglie i peccati del mondo è stato battezzato; qui lo Spirito Santo è stato visto in forma di colomba; qui il Padre proclamò al mondo intero la realtà del Figlio prediletto nel quale Egli stesso si è compiaciuto.

Poi, tornando sui propri passi e deviando a sinistra, si raggiunge la *Valle di Siddim* e nelle vicinanze l'imponente estensione del tanto a torto famigerato *mar Morto*, chiamato dagli arabi "lago di Lot". Il colore delle acque per la concentrazione salina è meraviglioso, ma l'intensa salsedine non permette vita ai poveri pesci che in esso incappano trasportati dalla corrente degli immissari. Da qui il suo funereo nome, ma la visuale che dona non ha proprio nulla di fosco, né di luttuoso.

In un contrasto repentino e violento, come violento è il vento che qui travolge, il turista si trova sbalzato, traballante e percosso dalle gelide sferzate dell'aria, sulla vetta del *Monte Nebo*, ove Mosè morì dopo aver dalla sua cima ammirato la tanto ambita terra promessa.

A Betlemme

Eccoci sulle *colline di Betlemme* e precisamente a *Beit-Sahur*. Qui, oltre al ricordo biblico della bella moabita, è ancor più infinitamente caro e gradito al pellegrino sostare in silenzio e captare spiritualmente il quasi sensibile eco dell'Osanna degli angeli nella misteriosa notte della Natività. Sembra ancora vedere nella ridente e rigogliosa vallata, i folti greggi di allora, il saltellare dei capretti, e il tutto reso sereno dal richiamo dei pastori e dal lieve e dolce belare. Su tutto domina dall'alto l'annuncio dei celesti messaggeri. I pastori, assieme al loro gregge, salgono le verdeggianti colline per essere i primi ad adorare il divino Messia. Ad essi, con la stessa trepidazione, si uniscono i pellegrini commossi; ed ecco che tutti giungono a *Betlemme*. Qui nuovamente delude la mano dell'uomo, anche se al confronto con altri posti non ha così interamente deturpato l'atmosfera originale della Natività. Tuttavia, anche la grotta di Betlemme, chiusa in una basilica, ha perduto l'incanto del luogo, il magnifico panorama esterno, l'asprezza naturale della tana: *stalla divina*.

Anche il clima sembrava voler rafforzare l'umana delusione: fino a quel giorno il sole sfolgorante che ha accompagnato ogni visita ai Luoghi Santi, ora si è eclissato, e una fitta pioggerella improvvisa ha costretto a un più celere ritorno.

Il pellegrinaggio ha preso la via di *Hebron* sostando per pochi minuti presso la fontana di san Filippo apostolo e la tomba di Rachele. Di questa città fra le più antiche del mondo, si può dire che ora rimane quasi nulla. Attirano la curiosità dei pellegrini le tombe dei patriarchi: Abramo e Sara, Isacco e Rebecca, Giacobbe e Lia.

E come chiusura della mattinata ecco *Mambre*, ora un cumulo di rovine sulle quali però anche presentemente arieggia il tradizionale ricordo di Abramo presso la quercia di Mambre. Qui venne annunciata al vecchio patriarca l'imminente sua paternità da tre celesti messaggeri in veste di giovani viandanti.

Anche il pomeriggio è stato piovoso e tale si è mantenuto fino al tramonto che nel Medio Oriente avviene quasi di colpo, come altrettanto è per il sorgere del sole. È un fenomeno così strano per noi occidentali, che non può passare inosservato; e gli stupendi colori proiettati sul mondo circostante dal nascere e dal morire del luminoso astro, hanno una intensità fantasmagorica che mai, alcun pittore, potrà riprodurre. Si rimane estasiati di fronte a una bellezza così repentina, così sfuggente che quasi il battere del ciglio occupa più tempo. Sembra che una mano invisibile giri un interruttore e ad ogni giro si spenga e si accenda una lampadina. Proprio come si può vedere in un palcoscenico ove velocemente e a scatti, si fa giorno e scende la notte.

Al Getsemani

Il pomeriggio è stato dedicato al *Getsemani* e alla *Via Crucis*.

Prima di raggiungere il luogo ove Gesù tanto pianse e sudò sangue, si passa innanzi alla *Tomba della Madonna*; il luogo che la pietà cristiana intende presentare quale punto della dormizione di Maria fino alla sua assunzione in cielo. Non si conosce con certezza storica il luogo esatto ove la Vergine visse le sue ultime ore terrene, ma pare certo che il suo corpo sia stato trasportato qui dagli stessi apostoli. Accanto vi è una piccola cappella chiamata dell'Agonia, o meglio del "*tradimento*", perché ricorda il luogo in cui Gesù venne fermato dai soldati e baciato da Giuda.

Con il cuore gonfio da questo triste ricordo storico, assieme a un mio amico consacrato della terra di oltre cortina di nome *Jesus*[1] salgo di ritroso il

---

[1] Si tratta di un vescovo clandestino albanese, che operava in Montenegro. Vedi Introduzione, p. 26.

Monte degli ulivi, e soli ci troviamo nel centro del *Getsemani*. È questo un pezzo di terra probabilmente di proprietà di qualche discepolo di Gesù, e porta tale nome dalla presenza a quei tempi di un frantoio.

Come allora, oggi è ricco di secolari ulivi e di roccia pietrosa. A quei tempi il tutto era recintato da un muro a secco. Presentemente il muro non esiste più; gli ulivi sono solo un sacro ornamento ad un giardino francescanamente civettuolo; e attorno a una pietra poco distante, con violenza isolata da quei secolari alberi che hanno gettato la loro grande ombra sul Nazareno agonizzante, sorge una basilica che imprigiona questo masso sul quale ci si prostra in adorazione poiché è stato irrorato dalle lacrime e dal sangue del Redentore. Che quella roccia sia testimone dell'ora forse più dolorosa della dolorosissima Passione di Gesù è senz'altro vero, poiché il Getsemani è un unico masso che sembra suddiviso in tanti massi, in quanto esso affiora qua e là elevandosi sulla terra ove affondano le loro radici i detti ulivi. In altre parole, è un monte roccioso, un impasto di pietra e terra.

È tanto vero quindi il luogo ove Gesù ha pianto, quanto però è altrettanto incerto il punto preciso benedetto dal contatto del corpo del Dio-Uomo. I Vangeli riportano solo che Lui, spostandosi di un tiro di sasso da Pietro, Giacomo e Giovanni, si sia prostrato con la faccia a terra implorando, se fosse possibile, l'allontanamento dell'amaro calice con però la simultanea sottomissione alla volontà divina. Non ci dice altro la Sacra Scrittura. Accostandosi a questi ulivi, la cui epoca è in massima parte recente, se ne scorgono anche dei secolari che secondo i botanici potrebbero benissimo essere gli autentici testimoni del tempo di Cristo, e anche un profano in materia lo nota per la maestosità del diametro, per le nodose contorsioni del tronco, per i rami ricchi di foglioline grinze come la pelle di un vecchietto[2]. Prendendo uno qualsiasi di questi ulivi quale punto di partenza per un lancio

---

[2] Il testo originale usa l'aggettivo "grinzite" per grinze. Quanto agli ulivi più antichi presenti nel Getsemani, segnaliamo quanto segue. Nel 2009 venne avviata un'indagine sullo stato di salute degli antichi ulivi dell'Orto sacro. I risultati delle indagini, resi noti nel 2012, hanno chiarito anche il dibattuto tema dell'età delle piante. La ricerca è stata condotta da professionisti e ricercatori del Consiglio nazionale delle ricerche (Cnr), insieme a varie università italiane, coordinati dal prof. Giovanni Gianfrate e dal prof. Antonio Cimato. Le indagini hanno riconosciuto alle piante, oltre che un ottimo stato di salute, anche un'età di circa novecento anni, facendo risalire all'epoca crociata la parte aerea degli ulivi, ovvero il tronco e le fronde. Ma la scoperta più singolare è venuta dall'analisi del DNA. Gli otto ulivi presentano, infatti, lo stesso profilo genetico, ovvero appartengono allo stesso "genotipo": un unico albero da cui sono stati prelevati dei rami più o meno spessi da mettere a dimora nel giardino. Sembra dunque verosimile che, assieme alla costruzione della basilica, i crociati abbiano risistemato il giardino, con il fine di "moltiplicare", all'interno di uno spazio sacro, un albero in particolare, forse perché antico e venerato in riferimento alla preghiera di Gesù al Getsemani, allo stesso modo in cui si venerano ancora oggi gli ulivi. L'iniziativa della ricerca era stata caldamente appoggiata dal Custode di Terra Santa padre Pierbattista Pizzaballa OFM.

di sasso, esso sempre rimbalza, in qualsiasi direzione, sulla roccia. Ecco il problema! Solo Gesù lo può risolvere, solo a Lui si può chiedere: *"Dove dobbiamo inginocchiarci e adorare?"*.

Primo incontro con "il Pastore"

Una comitiva sconosciuta ci precede e un fraticello la conduce come guida nell'interno della basilica. Noi due soli restiamo isolati nell'orto, guardiamo il Cedron in basso, la Gerusalemme in alto, passiamo da un ulivo secolare all'altro, li accarezziamo tutti con delicatezza, cerchiamo di evitare le sporgenze della pietra che fanno capolino sulla terra e ci chiediamo quasi contemporaneamente: "Quale sarà il punto di Gesù? Dovremmo essere nelle vicinanze!". Alle nostre spalle giunge la risposta in perfetto italiano: *"Ci siete infatti, o stranieri"*. Ci voltiamo di scatto certi di trovarci alla presenza di un frate, ma i nostri occhi incontrano quelli fiammeggianti di un uomo ancor giovane, vestito in costume nazionale, solenne ma non eccessivamente alto.

Aveva un viso piuttosto abbronzato dal sole; i capelli semi nascosti da un velo fluente sulle spalle che scendeva fino ai piedi a forma di mantello, erano di un rosso tiziano e lunghi come quelli di una donna; la barba del medesimo colore; gli occhi di un profondo verde marino tradivano uno sguardo di non comune intelligenza; la voce era baritonale ma dolce.

La tunica con il velo rialzato sul capo era celeste; l'abito bianco e lungo fino a terra si stringeva alla cintura con un cingolo ugualmente candido. Il braccio destro era abbandonato lungo i fianchi; la mano sinistra affusolata e non ruvida come quella di un uomo da fatica, impugnava invece un rozzo e lungo bastone che usano portare anche oggi coloro che si dedicano alla pastorizia. Esso serve per appoggiarsi e per allineare le pecore. I piedi erano calzati da sandali fatti con liste di cuoio. Era un uomo comunissimo, del popolo, ma, eccezione, era: elegante e pulito.

Il mio occhio, per qualche attimo forse, si è perduto in quello dello sconosciuto, poi si è volto attorno e si è posato sul mio amico che era diventato tanto pallido da assomigliare a un panno uscito dalla lisciva e sembrava un essere inebetito. Non mi sono resa conto del perché di tutto questo; solo mi sono accorta che qualche cosa di non normale aleggiava nell'aria. I miei occhi si posarono nuovamente sull'inatteso personaggio e notai che il suo sguardo mi oltrepassava e si perdeva lontano come non fossi più materia ma vetro trasparente. Avevo in mano un ramoscello d'ulivo strappato da un albero qualsiasi: era un bel ramoscello, giovane, verde, brillante. Lo strinsi nel pugno e lo maltrattai. Mi accorsi che i lineamenti di quell'uomo non erano neppure armonicamente belli, forse pesanti e brutti ma emananti una virilità che attira e sconvolge. Eravamo tre esseri umani e sembravamo tre statue: anche la natura appariva pietrificata.

Io, che non ho mai amato certe scene suggestionanti da palcoscenico, ho inteso rompere il ghiaccio, il silenzio, l'immobilità e, quasi con violenza, ho chiesto: "Parli italiano, chi sei?". Quella voce baritonale non per nulla scossa dalla mia esplosione, ma dolce e non meno solenne di prima ha fatto eco dicendo: *"Sono il Pastore"*. Rimasi inchiodata senza rendermi conto della realtà del suo articolo: *"il"*, non *"un"* pastore. Perché, pensavo, ha detto *"il"* e non *"un"*? Costui non ha dato apparente importanza al mio pensiero: ha girato accanto a me, ha allungato la mano destra verso un ulivo secolare posto alle mie spalle e mi ha porto un ramoscello. Più brutto di quello non poteva trovarlo! Le foglie erano secche, sporche, bucherellate, raggrinzite. *"Questo ulivo* – ha detto posando il ramoscello nelle mie mani – *è quello che cercavate. È esso che ha visto il sonno degli apostoli, il dolore di Dio!"*. *"Ma come è brutto* – io ho risposto – *è più bello il mio!"*. *"Ma il mio* – egli ha replicato – *è quello vero!"*.

La scena stava assumendo una tinta impressionante: il mio amico ancora era rimasto come un imbecille e non sembrava riaversi. Era pallido, gli occhi fissavano senza vedere e la bocca aperta dava al suo viso l'espressione propria dell'idiozia. Io sola esternamente reagivo, ma mi sentivo tormentata. E la voce sconosciuta riprese, melodica e calma: *"Stavate cercando il punto sacro della pietra: è qui, a un tiro di sasso. Fermate qui il vostro piede, voltate le spalle a Gerusalemme; e tu* – disse al mio amico raccogliendo una pie-

tra – *lanciala chiudendo gli occhi. Ove cadrà, lì ho pianto*".
Mentre questi obbediva, io che cercavo di avere gli
occhi aperti, ho protestato: "Spacchi il vetro della
basilica". La mano del Pastore ha preso la mia senza
dir parola. Il sasso è volato, ha sembrato urtare in
un ostacolo invisibile a pochi centimetri dalla fine-
stra in mosaico ed è caduto sul terreno spostandosi
a sinistra. La voce sempre ugualmente suggestiva ha
soggiunto: *"È fatto: lì ho pianto"*. Prima del mio amico
sono arrivata io sul punto, poiché io ho visto dove si
è posato il sasso: egli era con gli occhi chiusi. Mi sono
curvata e fra la terra brulla sporgeva un minuscolo
cucuzzolo di roccia. Anch'egli è corso, e prostrato
ha immerso le mani nel terreno con tanta violenza
fino a spezzare le unghie; poi è balzato in piedi e ha
gridato come un pazzo con le braccia rivolte al cielo:
"È Lui, è Lui, è Gesù". Gli occhi del Pastore hanno
sprizzato un raggio di felicità e veloce, ma maestoso,
si è allontanato.

Io, stordita per quanto avveniva, inquieta di non
trovare voce nella mia gola mentre l'uomo si allon-
tanava sempre di più, ho finalmente esploso in un
grido: "Fermalo, digli che rimanga con noi". Neppure il mio amico aveva più voce; ma il Pastore aveva orecchie. Era ormai lontano e piccino al nostro
sguardo, ma le sue parole sembrava scaturissero da
dentro di noi. Si è voltato, ha steso la destra verso la
nostra direzione e noi abbiamo udito: *"Non vi lascio,
ci rivedremo"*. Poi ha ripreso il cammino e lo abbiamo
ancora visto sempre più lontano, fino a scomparire.

È scomparso alla nostra vista perché troppo lontano: dire che è svanito all'improvviso, è bugia.

Ogni particolare si è svolto in un susseguirsi di tempi tipicamente umani e naturali. Il Monte degli ulivi era tornato come appare agli occhi dei comuni mortali; solo noi, con gli occhi grondanti lacrime, abbiamo scorticato quel masso fino a far sanguinare le dita. Poi, la famosa comitiva sconosciuta è uscita dal luogo sacro sempre accompagnata dal fraticello, e noi ci siamo dati alla fuga nascondendo il nostro bottino in un pacchetto semivuoto di sigarette: poche schegge, ma vere!

Abbiamo quasi volato sulla Valle del Cedron, che si è perduta alle nostre spalle, e ansanti siamo giunti alla basilica di Sant'Anna di fronte alla quale vi è la *Piscina probatica*. Qui ci siamo fermati con il respiro strozzato: non credo di aver mai tanto corso in vita mia. Ci sentivamo dei ladri più colpevoli di tutti i ladri messi assieme, poiché nel pugno ancora stringevamo un pacchetto di maciullate sigarette e qualche scheggia di pietra.

Poi, come se avessimo sempre gli sgherri dietro di noi, ci siamo rifugiati al *Pretorio*, abbiamo ripreso fiato e da qui iniziata la "Via Crucis".

1. *Gesù è condannato a morte*: tra le nostre palme strette assieme, grazie all'intrecciamento delle dita, era ancora il pacchetto contenente le sigarette maciullate e le schegge di pietra. Mentre la mia mano sinistra continuava a

stringere quella destra dell'amico, con l'altra tenevo aperto il libretto *"Memento Ecclesiae Martyris"* regalatomi dal card. Beran. Seguendo lo spirito di questa edizione "Chiesa martire", abbiamo percorso uniti e stretti per mano l'intera "Via Crucis". *"Caifa essendo in quell'anno sommo sacerdote profetò che Gesù doveva morire per la nazione, e non per la nazione soltanto ma perché tutti i dispersi figli di Dio si radunassero nell'unità"* (*Gv* 11,51). Questa prima stazione della "Via Crucis" è dedicata a tutti i martiri di tutte le persecuzioni religiose di tutti i tempi e di tutti i luoghi.

2. *Gesù è caricato della croce:* *"Quando l'ebbero schernito gli tolsero la clamide e gli rimisero le sue vesti e lo condussero via per crocifiggerlo"* (*Mt* 27,31). *"Presero dunque Gesù, il quale portando Egli stesso la croce si diresse verso il luogo detto il Calvario che in ebraico si dice Golgota"* (*Gv* 19,16-17). Preghiamo per la Chiesa martire dell'Ucraina, dell'Armenia e della Bielorussia.

3. *Gesù cade la prima volta sotto la croce:* *"I giudei lo schernirono, lo spogliarono delle vesti per rivestirlo di altre, e lo portarono fuori per metterlo in croce"* (*Mt* 27,31). *"E disse loro: l'anima mia è tristissima fino alla morte. Rimanete qui e vegliate con me"* (*Mc* 14,34). Al nostro pensiero è ora presente la Chiesa martire della Russia.

4. *Gesù incontra la sua SS. Madre: "Simeone li bene-*
   disse dicendo a Maria sua Madre: «Ecco Egli è posto
   a rovina e risurrezione di molti in Israele, e come segno
   di contraddizione. A te poi una spada trapasserà l'a-
   nima e così saranno rivelati i pensieri di molti cuori»"
   (*Lc* 2,34-35). Per tutte le Chiese martiri dell'a-
   teismo nel Messico del 1927 e nella Spagna dal
   1936 al 1939.

5. *Gesù è aiutato dal cireneo: "Mentre lo conducevano*
   via, menarono un certo uomo di Cirene, che veniva
   dalla campagna, e gli misero sulle spalle la croce perché
   la portasse dietro a Gesù" (*Lc* 23,26). Ricordiamo
   le tre Chiese martiri dei Paesi Baltici: Lettonia,
   Estonia, Lituania.

6. *La Veronica asciuga il volto di Gesù: "Mentre anda-*
   vano al Calvario lo seguiva una gran folla di popolo
   e di donne che facevano cordoglio e lamento su di lui"
   (*Lc 23,27*). "*Molti si stupirono di lui perché il suo*
   aspetto era troppo sfigurato per un uomo, la sua forma
   era troppo diversa da quella dei figli degli uomini"
   (*Is* 52,14). È la volta della Chiesa martire della
   Jugoslavia.

7. *Gesù cade per la seconda volta: "E lo condussero al*
   luogo detto Golgota, che tradotto si dice Calvario"
   (Mc 15,22). "Egli è stato trafitto per i nostri delitti,
   schiacciato per le nostre iniquità. Il nostro castigo salu-
   tare si abbatté su di lui e per le sue piaghe siamo stati

guariti" (*Is* 53,5). Pensiamo alle Chiese martiri dell'Ungheria e della Polonia.

8. *Gesù incontra le pie donne: "Lo seguiva gran moltitudine di popolo e di donne che piangevano e lo compassionavano. Volgendosi alle donne Gesù disse: Figlie di Gerusalemme non piangete su di me ma piuttosto su voi stesse e sui vostri figli, perché verranno giorni in cui si dirà: fortunate le donne sterili che non hanno messo al mondo creature per soffrire! Allora si comincerà a dire alle montagne: cadete su di noi! E alle colline: ricopriteci! Poiché se nel legno verde si fanno queste cose, in quello secco che avverrà? Venivano condotti con lui anche due malfattori per essere giustiziati"* (*Lc* 23,27-32). È la volta della Chiesa martire della Cecoslovacchia.

9. *Gesù cade per la terza volta: "Vigilate e pregate, se non volete cadere nella tentazione, perché lo spirito è pronto ma la carne è debole. Di nuovo per la seconda volta andò a pregare e diceva: Padre mio, se non è possibile che questo calice passi senza che io lo beva, sia fatta la tua volontà"* (*Mt* 26,41). Ricordiamo la Chiesa martire di Cuba.

10. *Gesù è spogliato delle sue vesti: "Quando ebbero crocifisso Gesù, i soldati presero le sue vesti e ne fecero quattro parti, una per ciascuno, e la tunica. La tunica era senza cuciture, tessuta tutta d'un pezzo da cima a fondo. Perciò dissero fra loro: Non dividiamola,*

ma tiriamo a sorte a chi debba toccare. Questo perché si adempisse la Scrittura: Si sono divise fra loro le mie vesti e sulla mia tunica han gettato la sorte" (Gv 12,23-24). Il nostro cuore si è rivolto all'Albania, alla Romania, alla Bulgaria, alla Germania Orientale e a Berlino Est.

11. *Gesù è inchiodato alla croce: "Gli offrirono da bere vino mescolato a mirra, ma non ne prese. Poi lo crocifissero, si divisero le sue vesti, tirando a sorte quel che fosse toccato a ciascuno. Era l'ora terza quando lo crocifissero. L'iscrizione della sua accusa diceva: Re dei giudei"* (Mc 15,23-29). Per le grandi Chiese martiri della Cina, Corea, Vietnam.

12. *Gesù muore in croce: "Quando ebbe preso l'aceto Gesù disse: Tutto è compiuto"* (Gv 19,30). *"E di nuovo gridando a gran voce, Gesù disse: Padre, nelle tue mani rimetto lo spirito mio. Detto questo, reclinando il capo, rese lo spirito"* (Lc 23,46). Questa è la stazione dedicata a tutti coloro che in questo secolo [Ventesimo, ndr] sono morti o per motivi religiosi come i martiri della fede sotto il nazismo prima e ora sotto il comunismo, o per la difesa della patria, o per la difesa della libertà, o per motivi di razza come gli ebrei e i negri o altri popoli di religione o di colore diverso.

13. *Gesù è deposto dalla croce: "Giuseppe d'Arimatea, che era un discepolo di Gesù ma occulto per paura dei*

giudei, chiese a Pilato di poter avere il corpo di Gesù, e Pilato lo permise; venne dunque e prese il corpo di Gesù" (Gv 19,38). Preghiamo per le Chiese martiri più recenti come il Sudan, il Congo, il Ceylon[3].

14. *Gesù è deposto nel sepolcro: "Venne anche Nicodemo, quello che una volta era andato da lui di notte, portando circa cento libbre di una mistura di mirra e di aloe. Presero dunque il corpo di Gesù e lo avvolsero con bende e con aromi, come costumano di seppellire i giudei. Nel luogo ove era stato crocifisso c'era un giardino e nel giardino un sepolcro nuovo dove nessuno era stato ancora deposto. Qui deposero Gesù, perché era la Parasceve dei giudei e perché il sepolcro era vicino" (Gv* 19,39-42). Pensiamo ai settecentoventinove, tra vescovi, sacerdoti, religiosi, chierici, seminaristi e fratelli laici italiani che hanno dato la vita nel corso della seconda guerra mondiale e negli anni immediatamente successivi.

La giornata è finita, la notte sta per scendere veloce mentre già da mezz'ora una pioggia calma ma fitta ci ha inzuppato fino alle ossa. Un brivido di freddo scorre dentro di noi e invade entrambi contemporaneamente, ma abbiamo ancora il tempo di cantare innanzi alla porta del Santo Sepolcro: *"Christus vincit".*

---

[3] Ceylon è oggi lo Sri Lanka.

Da Meriba a Petra

4 gennaio 1967

Ecco il masso roccioso di *Meriba*, luogo ricordato dall'Esodo (17,1-7) e da noi conosciuto come fontana di Mosè: *"Poi tutta la moltitudine dei figli di Israele partì dal deserto di Sin, a tappe, secondo il comando del Signore; e si accamparono a Refidim, dove non c'era acqua da bere per i figli d'Israele. Allora il popolo se la prese con Mosè, dicendo: Dacci dell'acqua da bere! E Mosè disse loro: Perché ve la prendete con me? E perché tentate il Signore? Ma il popolo che era assetato, mormorò contro Mosè e disse: Perché ci hai condotto fuori d'Egitto, per far morire di sete noi, i nostri figli e il nostro bestiame? E Mosè gridò al Signore, dicendo: Che cosa devo fare io con questo popolo? Non passerà molto tempo che mi lapideranno! E il Signore disse a Mosè: Passa davanti al popolo, e prendi con te degli anziani di Israele. Prendi in mano anche la verga, con la quale percuotesti il Nilo, e va. Ecco, Io starò davanti a te, là, sulla roccia, in Oreb; tu percuoterai la roccia e da essa sgorgherà acqua e il popolo berrà. E Mosè così fece alla presenza degli anziani di Israele. E pose nome a quel luogo Massa e Meriba, per la contesa dei figli di Israele, e perché avevano tentato il Signore, dicendo: C'è o non c'è il Signore in mezzo a noi?".*

Da qui si giunge a *El-Gi*, oltre il quale luogo non si può più proseguire con automezzi: è giocoforza prendere cavalcature e su esse attraversare la pittoresca ma stretta ed orrida gola dell'*Uadi es-Sik*, se si vuole ammirare il complesso delle grandiose rovine di *Petra* capitale del regno edomita, luogo ricordato da Isaia, Geremia e che Abdia definisce come il covo e nido delle aquile.

Per gli studiosi e i turisti questa località è una delle più interessanti, grazie allo spettacolo fantasticamente teatrale offerto da numerose facciate di tombe ricavate a picco nelle pareti delle rocce calcaree, e per la colorazione in una gamma infinita di vivaci tinte. La caratteristica del luogo viene subito presentata da tre grandi tombe, ma lo stupore sempre crescente diventa ipnotizzante di fronte alla meraviglia fra le meraviglie: *el-Khaznet Firaun* (il tesoro del faraone). Lo dicono semplicemente il più bel monumento di Petra: io, lungo i miei viaggi (e non ne ho fatti pochi) non ho mai visto nulla di simile! Ma a parole non si può descrivere, come non esistono parole capaci di dare del luogo in genere, una pallida idea. Bisogna andare e vedere con i propri occhi; pretendere una anticipata descrizione, è semplicemente follia.

Da qui la gola si allarga, le tombe aumentano e si sbocca nell'ampia vallata racchiusa da alte montagne ricche di santuari, ove è costante la presenza della roccia sacra con il pozzetto per la raccolta del sangue e le sacre piramidi. Si vedono ancora i resti di una via col portico dell'epoca del periodo romano e da un lato e dall'altro di essa, i ruderi dei templi, di terme, di un ginnasio, di vasti mercati, di un ampio teatro; il tutto scavato nella sponda rocciosa. L'acropoli, accessibile solo grazie a una scalinata anche questa squadrata nella roccia, è il culmine dell'ammirazione.

L'escursione è faticosa e dispendiosa ma è veramente imperdonabile il rinunciarvi. Il mondo è ricco di meraviglie, ma questa è tra le indimenticabili e le più grandi.

Anche il tempo ci ha favorevolmente assistito, e dopo l'emozionante giornata di ieri, questa è stata una parentesi che migliore non si poteva pretendere.

Il Tempio

*I*l vero nome della spianata del Tempio è: *el-Haram es-Sherif*, che significa nobile recinto sacro e circonda la roccia sacra *Qubbet es-Sakhra* ove avvenne il sacrificio di Abramo. L'angolo sud-est di questa spianata (a forma di trapezio) si eleva a picco, con uno strapiombo di circa 180 metri, sulla Valle del Cedron ed è chiamato il *pinnacolo*. Qui sembra che Gesù abbia subito, ma in forma di vincitore, la seconda tentazione satanica: *"Se sei figlio di Dio, gettati giù"*, e qui si ricorda ancora il martirio di san Giacomo apostolo. Esistono dei resti di portici oltre i quali è segnata l'area del *"cortile dei gentili"*, ove tutti potevano entrare ma non sorpassare, se non circoncisi, sotto pena di morte. Ben tredici colonne con iscrizioni greche e latine ricordano ai profanatori questo terribile divieto. Si vedono i resti della *Porta Corinzia* o *Porta Bella*, una delle nove che davano adito al Tempio, presso la quale sostavano gli infelici per chiedere elemosina: *"E veniva pertanto un cert'uomo, storpio dalla nascita, che passava ogni giorno alla porta del Tempio detta Bella, per chiedere elemosina a quelli che entravano. Costui vedendo Pietro e Giovanni, che stavano per entrare chiese loro la carità. E Pietro con Giovanni fissandolo disse: Guardaci! Quello li guardò attentamente, aspettando di ricevere da essi qualche cosa. Ma Pietro disse: Non ho né argento né oro; ma quello che ho te lo dò: nel nome di Gesù Cristo il Nazareno, alzati e cammina. E presolo per la mano destra, l'aiutò ad alzarsi; e in quell'istante, le piante e le caviglie dei piedi gli diventarono forti"* (At 3,2-7).

Lo splendido tempio costruito da Salomone nel 969, fu distrutto dai caldei nel 586 e ricostruito nel 516 da Zorobabele. Occorsero ben otto anni globali di lavoro continuo, ma intramezzati da lunghissimi periodi di sosta; dall'inizio al completamento quindi si possono contare circa quarantasei anni. Proprio qui avvenne la visione di Zaccaria, la purificazione della Vergine, la presentazione di Gesù al Tempio, il ritrovamento del santo fanciullo, l'offerta della vedova. Qui il velo del Tempio si squarciò nell'istante in cui il divino Redentore esalava il suo ultimo respiro umano. Poi, dirigendosi verso meridione, si eleva la maestosa *Moschea di Omar*: il miracoloso trasporto di Maometto in cielo. E infine appare all'occhio del turista la *Porta Aurea* ora chiusa, ove entrò trionfalmente Gesù il giorno delle Palme. I mussulmani pensano che essa si riaprirà miracolosamente alla seconda venuta di Gesù e di un altro qualsiasi personaggio apocalittico, ma in realtà le autorità pubbliche sono già in pieno progetto di demolizione del muro di chiusura. Detta porta ha due visibili arcate che portano il nome di *Porta della Misericordia* e *Porta della Penitenza*.

Ad ovest, fuori dalla spianata del Tempio ci si può accostare al più grandioso rudere Erodiano, resti della cinta del luogo sacro, chiamato il *Muro del pianto (muro occidentale)* ove gli ebrei andavano a piangere non solo i propri peccati ma anche la distruzione dell'imponente loro luogo di preghiera. Pur vigendo ancora una legge che permette questa (chiamiamola così) pratica di pietà, praticamente, a causa della guerra fra Giordania e Israele, essa è proibita a meno che gli ebrei abbiano intenzione di farsi ammazzare.

Fuori delle mura, sempre in Giordania, vi è la necropoli che oggi porta il nome di *Tombe dei Re*, ma non sono qui (come molti credono) i sepolcri di Davide, di Salomone e dei loro successori. Il luogo era proprietà della regina di Adiabene, Elena, che convertita al giudaismo venne a Gerusalemme e qui fece edificare il monumento sepolcrale per sé e per i suoi familiari. Il luogo acquista un certo interesse turistico solo per il fatto che la tomba è sullo stesso stile di quella di Arimatea, e poiché è tuttora abbastanza conservata, dà un'idea molto vicina alla realtà di quella che fu il sepolcro di Cristo. La grossa pietra in forma di macina girante è anche oggi esattamente al suo posto.

Dopo aver attraversato il confine giordano-israelitico eccoci in pieno nella zona ebraica e precisamente nell'attuale zona militare presidiata dall'esercito israeliano che comprende la collina occidentale di Gerusalemme designata col nome di *Monte Sion* ove le genti *"verranno sulla sua altura a festeggiare, e affluiranno ai beni del Signore, a godere del frumento, del vino, dell'olio, e della fecondità delle greggi e degli armenti, e la loro anima sarà come un giardino irrigato dall'acqua, e non soffriranno mai più penuria alcuna"* (*Ger* 31,12). Nella sommità di detto monte vi è un porticato che racchiude un minuscolo cortile che dà adito attraverso una scala al santo *Cenacolo.* Qui è avvenuta l'istituzione dell'eucaristia; qui Gesù risorto è apparso ai discepoli; qui l'incredulo Tommaso grida il suo: *"Mio Signore, mio Dio"*; qui lo Spirito Santo ha invaso i cuori e le menti degli apostoli e di Maria Santissima.

A poca distanza vi è il luogo della *Dormizione* della Madre di Dio; e la pia tradizione mostra al pellegrino la pietra su cui sembra che la Vergine abbia riposato nell'istante in cui è avvenuto il calmo passaggio dalla terra al cielo. Ora su questa stessa pietra posta davanti all'altare della Dormizione, è stesa nel dolce sonno del trapasso la statua della Vergine. Tutto il complesso è permeato di un senso di placida e di divina serenità. Il cuore la sente e l'assimila.

Nel pomeriggio siamo giunti ad *Ain-Karem* chiamata anche semplicemente *Kerem*, una fra le città di Giuda, tradizionalmente nota quale patria di Giovanni Battista stando a documenti archeologici e letterari. *"In quei giorni Maria si mise in viaggio e andò sollecita verso la montagna, in una città di Giuda, ed entrò nella casa di Zaccaria e salutò Elisabetta. Appena questa udì il saluto di Maria, sobbalzò il bimbo nel suo grembo, fu ripiena di Spirito Santo ed esclamò ad alta voce: Benedetta tu fra le donne e benedetto il frutto del ventre tuo! [...] Allora Maria disse: L'anima mia magnifica il Signore e il mio spirito esulta in Lui, mio Salvatore, perché ha rivolto il suo sguardo alla bassezza della sua ancella. Ecco infatti, d'ora in poi tutte le generazioni mi chiameranno beata; perché grandi cose ha fatto per me l'Onnipotente, e santo è il suo nome. E la misericordia si estende di generazione in generazione sopra coloro che lo temono. Egli ha fatto cose potenti con il suo braccio: ha disperso i superbi nei pensieri del loro cuore. Ha rovesciato i potenti dal loro trono ed ha esaltato gli umili; ha ricolmato di beni gli affamati ed ha rimandato a mani vuote i ricchi. Ha soccorso Israele, suo servo, ricordandosi della sua misericordia, come aveva promesso ai padri nostri, in favore di Abramo e della sua discendenza in eterno"* (Lc 1,39-55).

In questo ridente villaggio che nel Medioevo era chiamato *"San Giovanni in montagna"* nacque il precursore e Zaccaria riacquistata la parola, schiuse le labbra in quel mirabile cantico del *Benedictus*: *"Benedetto sia il Signore, il Dio d'Israele, perché ha visitato e redento il suo popolo, e ha suscitato per noi un'abbondanza di salvezza nella casa di David suo servo, come aveva promesso per bocca dei santi profeti, fin dalle origini, salvezza dai nemici nostri e dalla mano di tutti quelli che ci odiano, per usare misericordia ai nostri padri e ricordarsi della sua santa alleanza, del giuramento che egli giurò ad Abramo, nostro padre, di concedere a noi che, liberati dalle mani dei nemici, possiamo servirlo senza timore in santità e giustizia dinanzi a lui, per tutti i nostri giorni. E tu, o piccino, sarai chiamato profeta dell'Altissimo, perché camminerai davanti al Signore per prepararti la via, per dare al suo popolo la conoscenza della salvezza mediante la remissione dei loro peccati, grazie alle viscere di misericordia del Dio nostro, per cui ci visiterà un Sole, sorgente dall'alto, per illuminare quelli che giacciono nelle tenebre e nell'ombra di morte, per guidare i nostri passi nella via della pace"* (Lc 1,68-79).

E il fanciullo cresciuto e fortificato, dopo essersi distaccato dai genitori, inizia, prima ancora degli albori della virilità, la sua vita nel deserto a un'ora circa di cammino dal suo paese natale, e il suo unico alimento consisteva in pura acqua di sorgente, in bacche selvatiche e locuste. È logico pensare che il giovinetto fosse avido di silenzio e di raccoglimento, quindi non meraviglia se ha trovato rifugio nel deserto e là passi la sua adolescenza preparandosi nell'austerità del silenzio e della penitenza al compimento della sua incommensurabile missione: *"Precursore del Messia"*. I pellegrini possono ora inginocchiarsi nella grotta che gli è stata dimora e accostarsi a quella sorgente dove egli si è dissetato, mentre lo sguardo vaga nell'infinità di un deserto fantastico, ricco di colori e di attrattiva soprannaturale. Nella lieve brezza che spira sembra ancora sentire il fruscio del suo passaggio.

Si giunge poi alla *Valle di Siddim* distrutta da Dio con una pioggia di fuoco e di zolfo prima di farla inghiottire dal mare, ora mar Morto; e della città di *Sodoma* è rimasto così solo il ricordo. L'animo sconcertato e impaurito volge le spalle a questa zona per voler fuggire lontano ed ecco che il verde di magnifici frutteti gli tende le braccia e l'avvolge nel suo tepore vitale. È *Giaffa* una cittadina che non ha alcun interesse artistico se non le acque del Mediterraneo che la lambiscono. Ma al pellegrino è caro ricordare Simone il cuoiaio poiché proprio nella sua casa, posta sulle rive del mare, Pietro ebbe la famosa visione apostolica: *"E vide il cielo aperto e scendere un oggetto simile a un gran lenzuolo, il quale tenuto per le quattro estremità, s'abbassava verso terra; e dentro c'era ogni sorta di quadrupedi, rettili della terra e uccelli dell'aria. E una voce gli disse: «Su Pietro, uccidi e mangia!». Ma Pietro rispose: «Non sia mai Signore; io non ho mai mangiato nulla di profano e d'impuro». E la voce disse ancora: «Quel che Dio ha purificato, tu non lo chiamar profano»"* (*At* 10,11-15).

Basta uscire dalla città, percorrere un centinaio di passi per trovarsi ai piedi di un sepolcro circondato da centinaia di aranceti. L'autenticità di questa tomba è discussa, tuttavia la tradizione vuole designarla quale *Tomba di Tabita*, la giovinetta cristiana resuscitata da Pietro grazie alle preghiere delle donne del villaggio che non volevano rassegnarsi a perdere una donna così ricca di buone opere e di molte elemosine: *"E come Pietro fu giunto lo menarono nella sala di sopra; e tutte le vedove gli furono attorno, piangendo, mostrandogli le vesti e i mantelli d'ogni genere che Tabita faceva per esse. Allora Pietro fatti uscir fuori tutti, si mise in ginocchio e pregò; poi, rivoltosi alla morta disse: «Tabita, alzati!». Ed ella aprì gli occhi; e visto Pietro, si drizzò a sedere. Poi, datale una mano,*

la fece alzare; e chiamati i santi e le vedove, la presentò viva"
(At 9,39-41).

Dopo Giaffa ecco *Ramleh* posta fra il mare e la montagna: quartiere di Riccardo cuor di leone, capoluogo sotto il regime dei mamelucchi, capodistretto sotto i turchi. Quando Bonaparte intraprese l'assedio di Giaffa qui egli mise il suo quartiere generale. Ma tutto ciò al pellegrino ben poco interessa. A lui interessa invece la tradizione cristiana che vuole riconoscere in essa l'antica *Arimatea*, patria di quel nobile decurione Giuseppe che seppellì nel suo giardino, e precisamente nel suo sepolcro nuovo, il corpo del Redentore.

Nazaret

Eccoci a *Nazaret* un piccolo villaggio di indicibile grazia, ricco di bianche case scaglionate in sovrapposte serie tra il verde grigio degli ulivi e il chiaro dei mandorli e dei fichi d'India. Il suo stesso nome presenta questo luogo, perché tradotto significa *"fiore"* e infatti Nazaret è il fiore della Galilea.

Qui al tempo di Erode un angelo del Signore venne ad una Vergine sposata a Giuseppe della casa di David. Entrò nella grotta e salutò: *"Ave, o piena di grazia, il Signore è con te"*. Il pellegrino si trova proprio in questa grotta ove è venerato il mistero dell'Annunciazione e dell'Incarnazione del Verbo, ove la Madre divina per la prima volta si sentì chiamare: *"Benedetta tu fra le donne"*. Ogni frammento di questa roccia, non interamente rovinata dalla mano dell'uomo, sembra ancora gridare al mondo intero: *"Verbum caro hic factum est".* Proprio qui il fanciullo cresceva e si irro-bustiva nella pienezza della sapienza, nella grazia di Dio che era sopra di lui. Qui passò la sua adolescen-za e vi restò fino a circa trent'anni vivendo dell'umile introito del falegname di allora.

Poco distante vi è la sinagoga che Gesù spesso fre-quentava e nella quale un giorno lesse e commentò un passo del profeta Isaia: *"«Lo Spirito del Signore è su di me, perché Egli mi ha unto; mi ha inviato a portare la buona novella ai poveri, a sanare quelli che hanno il cuore spezzato, ad annunciare ai prigionieri la liberazione, il riacquisto della vista ai ciechi, a mandare liberi gli oppressi, a proclamare un anno di grazia del Signore». Poi Gesù arrotolò il volume, lo restituì all'inserviente e si pose a sedere; ora, nella sinagoga, gli occhi di tutti erano fissi su di Lui. Ed Egli cominciò a dir loro: «Oggi si è adempiuto questo passo delle Scritture nei vostri orecchi». E tutti gli rendevano testimonianza e si meravigliavano per le parole piene di grazia che uscivano dalla sua bocca, e dicevano: «Non è questi il figlio di Giuseppe?». Ma Egli rispose loro: «Certamente voi mi direte questo proverbio: Medico, cura te stesso! Quanto abbiamo sentito che è avvenuto a Cafarnao, fallo anche qui nella tua patria». Poi soggiunse: «In verità vi dico: nessun profeta è accetto nella sua patria. In verità vi dico, che c'erano molte vedove in Israele al tempo di Elia, quando il cielo restò chiuso per tre anni e sei mesi, quando ci fu una gran fame in tutto il Paese. Però a nessuna di esse fu inviato Elia, ma solo a una vedova di Serepta, nel territorio di Sidone. E c'erano molti lebbrosi in Israele al tempo del profeta Eliseo; eppure nessuno di loro fu mondato, ma solo Naaman, il siriano». Nell'udire queste cose, tutti nella sinagoga furono ripieni d'ira e, levatisi, lo cacciarono fuori della loro città e lo condussero fino al ciglio del monte, sul quale era edificata la loro città, per precipitarlo giù. Ma Egli, passando di mezzo a loro, se ne andava"* (*Lc* 4,18-30).

A Nazaret vi è sempre stata una sola fontana quindi, indiscutibilmente, è quella in cui la Madre di Gesù si recava per attingere acqua: è anch'essa un santuario. Ora porta il suo nome e gli arabi stessi la chiamano così: *"Ain Sitti Mariam"*.

Appena usciti dal paese vi è un alto poggio tutto verde. Non passa inosservato al pellegrino poiché su esso fa capo una tradizione. Quando Gesù venne cacciato dalla sinagoga il tumulto della gente giunse fino all'orecchio di Maria ed ella uscì fuori dalla sua dimora per correre verso di Lui. Giunta ansante su questo poggio, da qui assistette alla terribile realtà. Il luogo viene ora ricordato col nome di *"Santa Maria del tremore"*.

Sul pendio del "Piccolo Hermon" vi è un villaggio chiamato *Naim*. Qui si ricorda il passo evangelico dedicato alla risurrezione di un giovanetto: *"Gesù se ne andò ad una città chiamata Naim: e lo seguivano i discepoli e una gran folla di popolo. Come fu vicino alla porta della città, ecco che veniva portato fuori alla sepoltura il figlio unico di una vedova. E molta gente della città l'accompagnava. E il Signore, vedutala, ebbe pietà di lei e le disse: «Non piangere più». Poi, avvicinatosi, toccò la bara. I portatori si fermarono ed Egli disse: «Giovanetto, dico a te: levati!». Il morto allora si alzò a sedere e incominciò a parlare; ed Egli lo rese alla madre"* (*Lc* 7,11-16).

Si raggiunge poi *Cana* di Galilea. Questo villaggio ha un nome molto dolce all'orecchio del pellegrino. Qui Gesù cominciò prematuramente la sua vita pubblica proprio in occasione di una festa nuziale, quasi a voler risanare la volgarità con cui viene profanata questa cerimonia, oggi come ieri. Consacra Gesù il matrimonio e santifica la famiglia nascente. Il pellegrino sa che qui il divino Maestro mutò in vino l'acqua per simboleggiare la trasformazione dell'amore umano in quello cristiano, e non a caso questo suo primo miracolo (quando ancora la sua ora non era suonata) è compiuto proprio per intercessione della Madre sua, conferendo così a lei il patrocinio di tutte le miserie, di tutti i bisogni, di tutte le sofferenze dell'intera umanità.

Ed eccoci finalmente a chiusura della giornata sul *Monte Tabor*. Elevato di 582 metri sul livello delle valli circostanti, anche da lontano appare veramente maestoso. Davide nel suo salmo 88 lo paragona all'eccelsa vetta dell'Hermon cantando: *"Il Tabor e l'Hermon esulteranno al nome del Signore"*. È la sola montagna in Palestina tanto pittorescamente caratteristica, sia per la sagoma, come per la ricca vegetazione e lo splendore del suo panorama. Elci, carrubi, lentischi e terebinti incorniciano la strada serpeggiante lungo i fianchi del monte. Questa santa montagna è testimone di grandi fatti storici: *"Vivo io, dice il re, il cui nome è il Signore degli eserciti, che quale il Tabor sui monti e il Carmelo sul mare, tale esso verrà"* (Ger 46,18). *"Il sommo sacerdote Eliachim scrisse poi a tutti quelli che stavano di con-*

tro ad Esdrelon, di faccia al pian grande presso Detaim e da tutti quelli per la cui terra era possibile aprirsi un passaggio, acciò che occupassero le alture dei monti attraverso i quali si poteva trovare la via per Gerusalemme e guardassero i luoghi ove il passo tra i monti si stringeva" (Gdt 4,6-7). *"Udite questo, o sacerdoti, state a sentire, voi della casa d'Israele e voi della casa del re, perché il giudizio è intentato a voi; giacché siete diventati un laccio a Masfa e una rete tesa sul Tabor; e andate traviando il culto profondamente in basso, mentre io faccio di tutto per correggervi"* (Os 5,1-2). Queste ed altre fonti bibliche ricordano il Tabor, ma al pellegrino devoto tutte scompaiono per dare posto solo all'avvenimento evangelico che tratta la Trasfigurazione di Gesù: *"Presi con sé Pietro, Giacomo e Giovanni, salì sopra un monte per pregare. Mentre egli era in orazione, fu trasfigurato innanzi ad essi. Il suo volto divenne luminoso come il sole, le sue vesti bianche come la neve. Ed ecco due uomini comparvero a conversare con lui: erano Mosè ed Elia, circonfusi di gloria, i quali insieme discorrevano del trapasso che egli doveva compiere a Gerusalemme.*

Intanto Pietro e i suoi compagni erano oppressi dal sonno; ma svegliatisi, videro la sua gloria e i due personaggi che gli stavano vicino.

Or mentre questi si accomiatavano da lui, Pietro disse a Gesù: «Maestro, è bene per noi stare qui: se a te piace innalziamo qui tre tende, una per te, una per Mosè, una per Elia», e non sapeva quel che diceva.

Ma intanto che così parlava, una nube luminosa li avvolse; e dalla nube uscì una voce che disse: «Questi è il mio figlio diletto. Ascoltatelo».

All'udire questa voce i discepoli caddero faccia a terra ed ebbero gran timore. Ma Gesù si accostò ad essi, li toccò e disse: «Alzatevi, non temete». Essi levarono gli occhi e non videro nessun altro all'infuori di Gesù" (Mt 17,1-8).

Leggendo il suddetto passo evangelico a frasi spezzate da intervalli, per meglio meditare, il mio amico ed io ammiravamo il magnifico panorama che si stende tutt'attorno alla vetta del Tabor. La Sacra Scrittura alla mano ci trasportava al di sopra della visione di cose e bellezze naturali per mostrare agli occhi della mente una visione di passati secoli e di lontani popoli: Giosuè, Geremia, Davide, Giuditta, Osea, Antioco III, Vespasiano; una visione di fatti tra i più grandi registrati dalla storia dell'umanità.

Lì sulla vetta, il vento batteva impetuoso e freddo, ma anche la sola visione umana bastava a far dimenticare le gelide sferzate: la bella verdeggiante pianura di Esdrelon, le due catene oblique del piccolo Hermon e di Gelboe, più lontani i monti di Efraim, oltre ancora la catena del Carmelo ricordano pagine di guerre eroiche e prodigiose, incontri di eserciti e di nazioni, marce di potenti condottieri, manifestazioni tremende della potenza divina. Dalla parte opposta ecco in lontananza Nazaret, poi l'eccelsa vetta nevosa dell'Hermon ai cui piedi si estende la terra promessa, e spostando lo sguardo si vede la Valle del Giordano, il magnifico lago di Genesaret, Naim e, a perdita d'occhio ma dove l'occhio può giungere, le fertili colline della Samaria.

L'incontro con "il Pastore" al Tabor

I nostri occhi lacrimavano, a me gli occhiali si offuscavano ed ero costretta a pulirli in continuazione con le dita; tremavo anche dal freddo, ma non potevo non ammirare; e proprio mentre strofinavo il naso (anch'esso lacrimante) col dorso della mano, sento una mano posarsi lievemente sulla mia spalla destra. Non poteva essere il mio amico perché era davanti a me proprio sul ciglio della vetta. Pensai a un frate della zona e mi voltai in fretta un poco vergognosa per il gesto che stavo compiendo. Il *Pastore*, il medesimo Pastore che aveva sostato con noi nel Getsemani era lì, alle mie spalle, improvviso e silenzioso come un fantasma. Era vestito allo stesso modo, e il suo viso incorniciato da una attrattiva speciale non poteva essere confuso con altri. Il mio amico, quasi richiamato da un istinto, si è voltato di scatto e per il gesto improvviso c'è mancato poco che non precipitasse nel dirupo: "*Non è questo il monte del Precipizio*", commentò con un sorriso il Pastore e, tendendogli la mano, lo rimise in equilibrio. Siamo rimasti dinanzi a Lui come inebetiti: anche il vento sembrava essersi strozzato o, meglio, forse eravamo noi a non sentirlo più. Come un velo si è steso attorno un silenzio profondo, un silenzio sconcertante e imbarazzante. Ci guardavamo a vicenda, passando gli occhi dall'uno all'altro, ma mentre quelli del Pastore erano come nel Getse-

mani cupi, profondi e dolci (vorrei dire riposanti),
i nostri (a reciproca testimonianza) erano simili a
quelli di un pesce che affoga fuor d'acqua. Il compagno di viaggio unitosi a noi improvvisamente
come improvvisamente era apparso, sembrava che
ci avesse dimenticato. Frecciante contro il cielo,
la sua statura appariva ingigantita, guardava il panorama come assorto. Noi due, quali cuccioli in-
timiditi, muti, immobili, con uno sguardo tra lo
stupido e l'interrogativo, sostavamo alle sue spalle
timorosi di disturbare con la sola presenza il suo
raccoglimento.

Non posso dire quanto tempo passò; so solo che
finalmente si volse verso di noi, ci invitò a seguire
il suo gesto e con il braccio destro teso facendo
perno del suo corpo ci indicò, mostrandoli ad uno
ad uno, i luoghi sopra già ricordati. Veramente, grazie a Lui, noi vedemmo come in un immenso quadro di meravigliosa bellezza il territorio percorso in
lungo e in largo da Gesù e i suoi apostoli. Vedemmo le campagne santificate dalla presenza del Redentore, i luoghi principali della sua predicazione,
le soste dovute all'attuazione dei suoi prodigi. In
una parola: l'indescrivibile paesaggio che fu sfondo alle parabole e all'irraggiungibile discorso della
Montagna.

Il Pastore ricordava il fatto evangelico della Trasfigurazione e ci rendeva noto che erroneamente lo si
chiama miracolo, poiché è, in realtà, la cessazione del
miracolo, in quanto Gesù si è per la prima e ultima

volta mostrato nella sua reale essenza divina[1] (mentre miracolo era ed è la sua umanità). Ha insistito anche sulla incomprensione di Pietro, che non avendo capito l'intenzione del Maestro, ha inquadrato quel viaggio sul Tabor come un cammino verso la pace e la distensione, mentre in realtà Gesù, trasfigurandosi, voleva mostrare la bellezza del sacrificio che rende l'anima sfolgorante come il sole e candida come la neve. Non era altro che un'antifona da ricordarsi nell'ora del Golgota; antifona però momentaneamente vana ed apparentemente inutile fino a quando lo Spirito della verità e del consiglio non fosse sceso su di lui e i suoi fratelli. Un assaggio dunque che verrà compreso solo in un prossimo futuro. È stata inutile e vana quindi questa trasfigurazione? No, al contrario utile e non vana perché qualcosa, anzi una grande cosa ha insegnato a tutti gli uomini: la nullità, l'impotenza di cui sono plasmati quando credono di comprendere e agire fuori dello Spirito di Dio.

Durante queste constatazioni mi accorsi che in me avveniva un'altra trasfigurazione. Mi accorsi, contrariamente a quanto dicono gli uomini, che io (come chi come me può vedere e pensare in quel momento) non avevo croci. Una croce sola esiste-

---

[1] L'autrice qui intende il CHI Egli è: il Figlio eterno del Padre, la seconda Persona della SS. Trinità, Persona divina. In seguito, il Risorto apparirà glorioso, ma nel miracolo della natura umana divinizzata [ndr].

va: la croce dell'umanità, quella croce che (al di fuori dell'egoismo personale) grava su tutti e tutta intera, ed accascia l'uomo nel suo complesso di ogni secolo e di ogni tempo, ma che diviene soave e leggera se si lascia al santo cireneo la possibilità del suo aiuto. Mai ha gravato su di me una croce così immensa, ma mai allo stesso tempo mi sono sentita tanto capace di elevarmi verso il cielo con la leggerezza del più minuscolo degli uccelli dell'aria[2].

Il Pastore si è incamminato verso il pendio, e noi dietro senza neppure sapere dove ci conduceva. Poi si è fermato, e guardandoci con i suoi occhi sempre mansueti e dolci ha sussurrato, come per dirlo a noi soli: *"Qui ho detto: «Non parlate con nessuno di questa visione sino a che il Figlio dell'uomo non sia risuscitato dai*

---

[2] Maria Teresa Carloni cerca qui di spiegare l'esperienza mistica che in sé viveva e stupisce sentire una donna umanamente colma di dolori fisici e spirituali asserire di "non avere croci". Da quanto si evince dalla sua descrizione, la partecipazione misteriosa alla presenza del Pastore in quel luogo santo si è tradotta pure in partecipazione di grazia alla sua divinità. In questa partecipazione ogni singola sofferenza si è trasfigurata in grazia. L'unica "pesantezza" contrastante con la partecipazione alla vita divina era data in sé dalla natura umana, ancora "in fieri" di redenzione. La serva di Dio descrive infatti l'attrito dell'egoismo gravante sull'intera natura umana soggetta al peccato originale e l'esperienza del divenire della redenzione in essa operante. La redenzione restituisce alla creatura umana la capacità della deificazione e dell'essere nuova creatura: sembra che la Carloni abbia qui percepito l'opera del Redentore fino alla risurrezione della carne in un corpo spiritualizzato.

morti»" (*Mt* 17,9). Siamo rimasti muti mentre Egli si è allontanato e noi sentivamo una forza che non ci ha permesso di scendere con Lui. Lo abbiamo seguito solo con lo sguardo fino al suo arrivo nella pianura. Si è voltato, ci ha fatto un cenno con la mano: era diventato piccolissimo per la distanza, ma la sua voce ci ha raggiunto come fosse a due passi da noi: *"Qui ho detto: «Questa specie di demoni non può essere cacciata se non con il digiuno e la preghiera»"* (*Mc* 9,28). Noi due ci siamo guardati e tendendoci le braccia siamo caduti uno sul cuore dell'altro, scoppiando in un pianto dirotto. Quando i nostri occhi sono riusciti nuovamente a vedere, il Pastore non c'era più.

Al lago di Tiberiade

7 gennaio 1967

A 12 metri sotto il livello del mare si trova *Tiberiade* col suo magnifico lago chiamato di Genesaret, mare di Galilea, lago di Tiberiade a seconda dei tempi storici. È formato dal corso del Giordano, e come tutti i laghi ha le acque in prevalenza dolci e quindi potabili; è ricco di fauna e per questo è fonte inesauribile per gli abitanti delle rive. È un lago capriccioso; i suoi pescatori dicono che molto sensibile e permaloso poiché, pur apparendo tanto placido e piuttosto desolato, invitante coi suoi riflessi cerulei, improvvisamente si scatena come una belva e le sue tempeste non possono essere prevedute neppure da chi è nato presso le sue sponde. Non fa quindi meraviglia il passo evangelico della tempesta sedata, improvvisa, violenta. Anche se il lago appare in sé monotono e quasi stagnante, il suo paesaggio che ha per sfondo il grandioso Hermon acquista una impressionante solennità. Gli ebrei lo hanno chiamato anche *Kinnere*, da *kinnor* che significa lira, poiché questa è in realtà la sua forma. È esso veramente il lago di Gesù, poiché da Lui è stato santificato con i suoi miracoli, con i suoi continui passaggi da una sponda all'altra, con i suoi pellegrinaggi lungo le coste, con l'affluire delle turbe correnti attorno a Lui da tutte le contrade circostanti, mentre dal suo labbro usciva il seme della Parola divina. Quante volte il libro evangelico riporta a questo lago! Gesù cammina lungo il mare di Galilea; Gesù dà ordine di passare all'altra sponda; Gesù sale in barca e ripassa il lago per andare nella sua città (Cafarnao); Gesù uscito di casa (a Cafarnao) si sedette lungo il mare; Gesù salì in barca e se ne andò in un deserto; Gesù traghetta il lago e va nella terra di Gennesar. La pesca miracolosa, la tempesta sedata, l'apparizione di notte: il lago è impregnato di questi ricordi, e ancor oggi sembra gridare: *"Tu davvero sei il Figlio di Dio!"* (*Mt* 14,33).

È permesso ai turisti compiere una gita in barca a motore, non però presa a noleggio dato che il mare è capriccioso, ma sotto la guida e l'assistenza di due esperti marinai. Ed ecco profilarsi le rovine di Magdala, patria della peccatrice pentita e redenta; ecco la pianura di *Genesaret*, luogo di convegno delle moltitudini affamate di parole di vita, luogo anche in cui Gesù incontrò Simone, Andrea, Giacomo e Giovanni. Poco più innanzi il profilo del *Monte delle beatitudini* e le vestigia dell'antica città di *Cafarnao*: la sua città, come Egli amava chiamarla. E ancora la pianura di "el-Bateha": *Betsaida*, dove Gesù diede la vista al cieco; e infine la regione dei geraseni, che ricorda la guarigione dell'indemoniato. Questa gita piacevole e allo stesso tempo sacra resterà al pellegrino come uno dei ricordi più belli.

La città di Betsaida, patria di Andrea, Simone e Filippo proprio all'ingresso della fertile pianura di Genesaret, non è che un ricordo. Gesù più volte vi era andato e l'aveva santificata con numerosissimi miracoli, ma mostrandosi ingrata meritò la terribile invettiva che si avverò completamente non rimanendo di essa neppure una traccia: *"Guai a te, Betsaida!"* (*Mt* 11,21).

Sempre costeggiando il lago si raggiunge una roccia chiamata *Roccia del Primato*, ove Pietro ebbe da Gesù il mandato: *"Pasci i miei agnelli, pasci le mie pecore"* (*Gv* 21,16-17).

Nei pressi del lago vi è poi il campo della *Moltiplicazione dei pani*, che scende verso le acque in lieve e verde pendio. Voltando ad esso le spalle e girando verso destra ecco la città di Gesù: *Cafarnao*. Qui sembra di rivedere il pubblicano Levi: il grande apostolo ed evangelista Matteo. Qui il centurione che pur essendo pagano era benevolo verso i giudei e a sue spese per essi aveva costruito la magnifica sinagoga di Cafarnao. Durante il colloquio con Gesù egli mostra apertamente il suo senso di giustizia, di umiltà, di fiducia e merita la divina espressione: *"Presso nessuno in Israele ho trovato tanta fede"* (*Mt* 8,10).

Gesù, durante il suo soggiorno a Cafarnao, abitava nella casa di Simon Pietro, i cui ruderi ora ci riportano alla guarigione della suocera di questi e al paralitico calato dal tetto. Un susseguirsi meraviglioso di prodigi, un incessante dilatarsi della sua fama, un crescendo continuo di popolo accorrente dalla Galilea, dalla Giudea, da Gerusalemme, dall'Idumea, da oltre il Giordano, da Tiro e Sidone, rendono a questa città una fama immortale nei secoli. In quei momenti in cui la stragrande folla lo attorniava e si stringeva a Lui, Gesù, se non voleva restare soffocato, era costretto a rifugiarsi in una barca e allontanarsi dalla riva. Nessun uomo può vantare di aver riunito accanto a sé un numero simile di miserie: ciechi, storpi, sordi, muti, paralitici, lebbrosi, epilettici, indemoniati. Gesù, felice di questo nobile seguito, passava benedicendo, perdonando, guarendo.

Accanto a Gerusalemme, Cafarnao è la città più viva nella Sacra Scrittura evangelica. In nessun luogo sono stati compiuti tanti miracoli come nei pressi della casa di Pietro. Cafarnao però, destinata ad ospitare il Figlio di Dio fatto uomo, quella popolazione tanto beneficata dalla presenza e dalla parola e dall'azione del divino Maestro non ha corrisposto a sì grande privilegio: non lo seppero comprendere, non lo vollero seguire.

Gesù, ritto innanzi a una tumultuante folla, parlò del mistero dell'eucaristia, ma gli ascoltatori non cercavano altro che i beni della terra e invano Egli rivelò e promise le mistiche dolcezze del Pane del cielo: "*Io sono il Pane della vita… Io sono il Pane vivente disceso dal cielo. Se uno mangia di questo Pane, vivrà in eterno; e il Pane che io darò è la mia carne per la vita del mondo… In verità, in verità vi dico: se non mangiate la carne del Figlio dell'uomo, e non berrete il suo sangue, non avrete in voi la vita. Chi mangia la mia carne e beve il mio sangue ha la vita eterna ed Io lo risusciterò nell'ultimo giorno. Poiché la mia carne è un vero cibo e il mio sangue è una vera bevanda. Chi mangia la mia carne e beve il mio sangue, rimane in me e Io in lui. Come il Padre che è vivente, ha mandato me, ed Io vivo per il Padre, così pure chi mangia me vivrà per me. Questo è il Pane disceso dal cielo. Non è come quello che mangiarono i padri e morirono; chi mangia questo Pane vivrà in eterno"* (Gv 6,48-58).

Questo discorso che forse intendeva scuotere ed innalzare gli animi verso le vette sublimi della spiritualità è sfociato in una drastica conseguenza: la diserzione e l'abbandono. Gli stessi discepoli dissero: *"Questo linguaggio è duro, chi lo può intendere?"* (Gv 6,60), come se Gesù fallisse come onnisciente e non si fosse accorto di aver parlato a degli stolti, come se non capisse di aver gettato margherite ai porci. Conclusione: tutti si ritrassero indietro e non andarono più con Lui. Questa è Cafarnao, la città di Gesù, la città su cui poco dopo scese l'amaro rimprovero e la tremenda condanna: *"E tu, Cafarnao, credi che sarai innalzata fino al cielo? No, tu sarai precipitata fino all'inferno, perché se a Sodoma fossero stati fatti i miracoli che sono stati compiuti presso di te, forse Sodoma sussisterebbe ancor oggi"* (Mt 11,23). E Cafarnao oggi è una landa inospitale e desolata su cui è ancora evidente la maledizione del Salvatore.

Dopo aver salito 150 metri sul livello del lago si giunge al *Monte delle beatitudini.*

"Vedendo la folla Gesù salì alla montagna e, postosi a sedere, i discepoli vennero a porsi vicino a Lui. Egli aprì la bocca e si pose ad ammaestrarli così:
Beati i poveri in spirito, perché ad essi appartiene il regno dei cieli.
Beati i miti, perché possederanno la terra.
Beati quelli che piangono, perché saranno consolati.
Beati coloro che hanno fame e sete della giustizia, perché saranno saziati.
Beati i misericordiosi, perché otterranno misericordia.
Beati i puri di cuore, perché vedranno Iddio.
Beati i pacifici, perché saranno chiamati figli di Dio.
Beati i perseguitati per la giustizia, perché ad essi appartiene il regno dei cieli.
Beati sarete voi quando vi insulteranno e vi perseguiteranno e, mentendo, diranno di voi ogni sorta di male a causa mia. Rallegratevi ed esultate, perché grande sarà la vostra ricompensa nei cieli; poiché in tal modo hanno perseguitato i profeti che furono prima di voi" (Mt 5,1-12).

Il Monte delle beatitudini, se lo si vuole considerare come un baluardo panoramico ha tutto da invidiare al Tabor. Il suo sfondo è solo il lago di Tiberiade a volte calmo, a volte tempestoso, qualche sottostante pendio e, lontano ma a perdita d'occhio, le colline circostanti. Tutto sembra velato come da nebbia, tutto è triste all'infuori del meraviglioso giardino opera però di mani moderne, tutto si perde in un infinito che si sente ma che non si intravvede e, forse proprio per questo, la tristezza diviene dolcezza e calma e ben si può parlare di contemplazione del singolare panorama. Veramente singolare infatti: mentre il cuore palpita e parla, la natura non dice proprio nulla, forse si è ammutolita dopo la promulgazione della nuova Legge che non è altro che il codice della nuova civiltà cristiana.

Il mio amico ed io, dopo aver tanto sognato questo luogo delle beatitudini, ci siamo accorti che la beatitudine consiste nella delusione vera e completa accettata però dalle mani del Redentore e per il Redentore. Che c'è di bello nel Monte delle beatitudini se non l'eco delle parole del Verbo ripetute in continuazione dal lieve soffiare del vento, dal riflesso celestino del lago sottostante, dal cinguettio degli uccelli? Il bello e l'indimenticabile di questo luogo è proprio nell'attrazione sua propria alla meditazione. Niente altro!

Parla "il Pastore"

E infatti, sforzandoci nel pensiero di sentirci beati, ecco che viene verso di noi il noto Pastore. È sempre il medesimo; solo il mantello è rosso e non più celeste. Eravamo seduti sull'erba con il volto rivolto verso il lago: *"C'è molta calma qui, è vero?"*. Con queste parole Egli ci ha ridestato da un sogno svoltosi durante la veglia[1] e non abbiamo avuto tempo di alzarci, poiché Lui stesso si è seduto davanti a noi.

"È una calma che agli uomini stanca", ha continuato, *"una calma forse monotona per chi non ama la contemplazione e il silenzio. Ma è la monotonia che innalza il cuore e la mente di chi ha fede; sì, al contrario, il trambusto e il fragore annebbiano il cervello. In una pace ferma e immutabile come questa, il Dio Giustizia giudicherà le anime. Ad esse non verrà chiesto particolari sulla singola vita, non verrà chiesto per quante ore hanno lavorato e pregato, ma dovranno rispondere e confessare sulla carità che avranno usato verso il proprio prossimo. Siete stati umili? Siete stati miti? Avete degnamente sofferto? Avete avuto fame e sete di giustizia? Avete avuto misericordia? Siete stati puri? Siete stati pacifici? Vi ha qualcuno perseguitato perché colpevoli ai loro occhi per amor mio? In verità vi dico che le anime saranno giudicate solo in base a ciò, ossia nella e per la carità"*.

Alzandosi ci ha benedetto dicendo: *"Arrivederci nel regno del Padre mio, e vi attendo fra i beati"*. Siamo rimasti come inebetiti, seduti a terra, senza neppure seguire con gli occhi il Pastore che, girando alle nostre spal-

---

[1] Davvero è curiosa e interessante insieme questa osservazione di Maria Teresa Carloni: nel momento in cui inizia l'estasi dell'apparizione è come se entrambi i pellegrini si destassero alla realtà e il loro stato cosciente precedente, raccolto in riflessione, fosse invece un sogno ad occhi aperti, mentre normalmente verrebbe da pensare esattamente l'opposto. Il che indica palesemente non solo l'alto livello di presenza a se stessi in loro, ma anche l'assenza di qualunque allucinazione o suggestione.

le, si è allontanato. Non lo abbiamo visto, perciò, lentamente scomparire come le precedenti due volte; l'immagine finale, fissa per sempre nella nostra memoria, è nel suo sollevarsi, nel suo segno benedicente, nelle sue ultime parole: *"Arrivederci nel regno del Padre mio, vi attendo fra i beati"*. Il lago di Tiberiade ci è apparso nella sua più estrema e quasi esterrefatta immobilità.

Al Carmelo

8 gennaio 1967

Prima di salire il bel *Carmelo*, si incontra la città di *Haifa*, posta tra le montagne e il mare. Potrà interessare gli studiosi e i turisti, ma al pellegrino non dice proprio nulla; egli tende ben più in alto e, prima che col corpo, raggiunge con lo spirito la vetta del Carmelo. Essa si protende come un promontorio sul mare e domina la vasta pianura di Esdrelon. È una zona di straordinaria fecondità più volte ricordata nella Sacra Scrittura tanto nel Cantico dei Cantici come in Isaia 35,2: *"Germoglierà rigogliosa ed esulterà lieta e gioconda la gloria del Libano, e a lei sarà data la magnificenza del Carmelo e di Saron"*. Qui si ricorda la lotta che Elia sostenne contro i sacerdoti di Baal e la dimora di Eliseo quando venne ricercato dalla sunamita impetrante la risurrezione del figlio suo. Sulla vetta di questo monte, Elia con i quattrocentocinquanta sacerdoti di Baal formarono l'assemblea del popolo d'Israele; qui cadde fuoco dal cielo per la consumazione della vittima dopo la preghiera del tesbita. Ai piedi di questa montagna scorre, attraverso la magnifica pianura dell'Esdrelon, il fiume Cison, testimone della strage di tutti i falsi profeti di Baal, organizzata da Elia stesso.

Questa è l'ultima tappa del nostro viaggio: addio alla sacra terra dal vasto panorama che si estende attorno alla vetta del Carmelo comprendente la grande corona dei monti della Galilea, che salgono armonicamente verso la vetta nevosa del grande Hermon e la plumbea distesa del *Mare nostrum*, il Mediterraneo.

Parte seconda
Antologia di testi inediti di Maria Teresa Carloni

Ritratto di Gesù

Il breve testo dattiloscritto è privo di data. Sembra che Maria Teresa Carloni abbia avuto intenzione di indicare a un pittore i tratti del volto del Signore affinché potesse realizzarne un dipinto. Un'annotazione a fondo pagina infatti avvisa: "Dipingere più con mano di credente che di artista. Si può prendere l'aspetto dolce e mesto (sorriso sulle labbra e mestizia negli occhi), oppure quello severo con gli occhi che lanciano fiamme che fanno tremare". Qualche tratto ricorda la descrizione del Pastore visto in Terra Santa.

I capelli sono divisi nel mezzo e scendono sulle spalle ondulati; hanno un colore rosso tiziano con riflessi dorati. La fronte ampia e diritta. Il naso aquilino. Gli occhi infossati, incorniciati da ciglia lunghe e sopracciglia folte dello stesso colore dei capelli. Il colore degli occhi è simile al mare cupo, cioè blu. Gli zigomi sono sporgenti. La bocca larga con labbra carnose e rosse. La dentatura candida e salda. La mandibola è forte e dà a tutto il viso l'aspetto di una volontà non domata. Il volto che ha la forma ovale è ricoperto nelle sue parti naturali da una barba dello stesso colore dei capelli. Non è lunga, ma anch'essa ondulata e inizia dove i capelli hanno termine, anche sul davanti delle orecchie (che sono regolari, ma ricoperte dai capelli). Lineamenti maschili, forti. Occhi dolci e imperiosi. Avevano uno sguardo che scrutava nell'intimo. Quando sorrideva gli occhi prendevano l'espressione di un sorriso mesto. Se guardava severo invece lanciavano fiamme che facevano tremare. Colore olivastro della pelle. Altezza 1,82 metri; le spalle: 0,82 metri. Tutto il resto delle membra era proporzionato. Preciso alla madre, con gli stessi lineamenti e proporzioni, solo col carattere maschile.

Commento
al "Padre nostro"

Viene qui proposto un commento della serva di Dio al "Padre nostro", da lei titolato: "Pater noster" meditato. Si trova in uno dei due libretti di preghiere composte da Maria Teresa nell'autunno-inverno 1951-1952. Facciamo poi seguire un testo di preghiera della Carloni a Dio, Padre nostro, in cui ella pare entrare nel mistero della preghiera insegnata da Gesù secondo i suoi più reconditi significati.

Padre nostro

L'amore dei genitori verso i figli è immensamente più grande e senza confronto dell'amore dei figli verso i genitori: i genitori donano, i figli pretendono; i genitori si sacrificano, i figli sono egoisti; i genitori danno la vita, i figli la ricevono e molte volte non ringraziano neppure o maledicono. L'amore dei genitori è, quindi, quel sentimento umano che più di tutti i sentimenti esprime l'infinito e non può venire rappresentato con le parole. Ecco perché questa preghiera inizia con un grido di amore sublime ed infinito, inizia con l'invocazione al *Padre*. Ma l'appellativo di padre che diamo a Dio, dietro suggerimento del Cristo, non ha un tono egoistico, egocentrico, perché vi aggiungiamo subito l'aggettivo *nostro*: nostro e non mio.

Se ognuno di noi l'invocasse e dicesse "padre mio", avrebbe in parte lo stesso significato, ma in parte solo però, perché ognuno di noi sentirebbe di essere il solo figlio e dimenticherebbe tutti gli altri fratelli. E invece: "Padre nostro", abbraccia tutta, in ciascuno di noi, l'intera umanità contemporaneamente; in essa sono inclusi il grande e il piccolo, il vecchio e il giovane, il ricco e il povero, il servo e il padrone, il creditore e il debitore, l'amico e il nemico, il sano e il malato, il giusto e il peccatore, il conosciuto e lo sconosciuto.

Che sei nei cieli

Che cosa è il cielo? La mia mente non può afferrarlo. Mi sfugge perché è l'Essere. Tutto ciò che è concreto, quindi limitato nel tempo e nello spazio, è un lato dell'Essere, ma non è l'Essere. L'Essere per essere tale deve essere ovunque, deve essere per sempre, quindi deve essere astratto[1]. Nella sua astrazione è la realtà, realtà a cui anche, continuamente tende la nostra anima, superando gli innumerevoli velari azzurri del cielo, senza mai raggiungerlo, perché legata

---

[1] Con il termine "astratto" la Carloni intende ineffabile e *non materiale*, in quanto la materia è spazio e tempo.

alla terra dal corpo troppo greve, troppo indegno[2]. Dal nostro tendere verso l'alto, attratti da una forza che ci attira, troviamo la certezza dell'esistenza di questo cielo dove è il Padre nostro. Dalla forza di gravità che ci trattiene sulla terra noi comprendiamo il perché della nostra incapacità a dare una risposta alla domanda: "Che cos'è il Cielo?".

Sia santificato il tuo nome

Santificare il tuo nome significa amarti, e amare significa trarre diletto da ciò che si ama. Scrutando il creato vedo il Creatore e mentre lo guardo "ho per gli occhi una dolcezza al cuore, che intender non la può chi non la prova". Attraverso la bellezza del creato canto la gloria del Creatore.

Non vuol dire con questo santificare il tuo nome? Non sempre le notti sono stellate, non sempre le ortiche crescono lontano dal fiore: per questo le notti stellate sono le più belle; per questo il fiore acquista maggiormente il suo splendore. Se non vi fossero le ombre, non vi sarebbe la luce; se non vi fosse la fatica, non vi sarebbe il riposo e così, se non vi fosse l'amore, il tuo nome non sarebbe santificato.

---

[2] Qui l'autrice fa riferimento alla dimensione corruttibile e passionale della corporeità, quella che san Paolo definirebbe non col termine "corpo" (*soma*), bensì con la categoria di "carne" (*sarx*).

Amore, fonte generatrice di tutto l'Essere, tu non saresti tale se non riuscissi a santificare il nome di Dio. Santificare il nome di Dio sempre, ma questo atto di amore è al completo meritevole e benefico nel momento in cui il male fisico o morale esplode nella sua più crudele atrocità[3].

Venga il tuo regno

È la prima umile invocazione in cui l'uomo riconosce volontariamente la sua sottomissione a Dio, e nell'attimo stesso in cui sospira l'avvento di Dio s'impegna pure, fino al limite della sua libertà, di fare tutto per attuarlo. È stato detto che il cristianesimo non è virile. Chi ha osato affermare ciò? Tra l'uomo che si lascia travolgere dalla belva e quello che è capace di domarla, la virilità forse sceglie il primo? Questo virile atto di sottomissione, simile all'"a solo" di un violino, si allarga in un pieno maestoso di orchestra nella seconda invocazione.

Sia fatta la tua volontà

Qui l'orchestra ha un attimo di esitazione, sembra che abbia gridato troppo forte e sia uscita di tono.

---

[3] Palese è qui il riferimento all'amore perfetto di Cristo nella sua passione e morte, a cui si uniscono schiere di martiri.

Sembra quasi che non possa più proseguire. Quest'attimo di silenzio è però solo la riflessione che segue il proposito, e ben presto l'orchestra riprende a salire dal punto interrotto: sia fatta la tua volontà. Tale richiesta è bella, ma l'impegno è tremendo. Come fare? Santifica maggiormente il nome di Dio, o anima smarrita, collabora con più impegno all'avvento del regno di Dio, o anima titubante, e impara a leggere il libro divino. Balbetterai all'inizio, ma comprenderai in fine.

Sia fatta la tua volontà: non è rassegnazione apatica al volere di Dio, ma collaborazione alla sua opera; significa sì: "Fai, o Signore, quello che ti piace", ma significa anche: "Farò, o Signore, quello che tu vuoi". Non è quindi un subire passivo, ma un ubbidire consapevole. Secondo la tua volontà che ho compresa giusta attraverso le tue opere, voglio cooperare affinché venga il tuo regno e sia sempre meglio santificato il tuo nome. Solo seguendo il tuo volere, o Signore, posso gustare la mia libertà; solo facendomi tuo servo, posso diventare il mio padrone[4].

Sia santificato il tuo nome, venga il tuo regno, sia fatta la tua volontà.

Come in cielo così in terra

Con l'amore: santificare il nome di Dio.

---

[4] Intende cioè: padrone di me stesso.

Con il servire: cooperare all'avvento del regno di Dio.

Con l'ubbidire: fare la volontà di Dio.

Si chiude la prima parte di questo grande capolavoro, il più grande capolavoro dell'arte antica e moderna. A ciascuna delle tre invocazioni si può rispondere con l'antifona: "sicut in coelo et in terra", "come in cielo così in terra".

"Nomen tuum"

"Regnum tuum"

"Voluntas tua"

sono colpi di martello che forgiano l'anima umana e la rendono degna di elevarsi fino alla più alta vetta.

Nulla è più bello, nulla è più vero dell'antifona: come in cielo così in terra. Sei parole, sei semplici parole che raggiungono il vertice della bellezza, il fondo della verità! Tale è il compito dell'uomo: congiungere (attraverso la fatica che ascende in tre gradi) la terra con il cielo: come in cielo così in terra.

Dacci oggi il nostro pane quotidiano

Cristo sa le difficoltà che incontriamo per rimanere fedeli ai suoi comandamenti; conosce perfettamente la nostra miseria, ma tenendo in considerazione la buona volontà da parte nostra stabilisce di incoraggiarci ed aiutarci. Infatti il suo aiuto ci è estremamente necessario e per dimostrarci la sua amabilità inserì nel *Pater noster* la frase: "Il pane nostro quotidiano dacci oggi, o Signore". Nonostante tutte le sue manifestazioni più grandi e più evidenti in nostro favore, noi, per la nostra miseria, abbiamo continuamente bisogno di essere eccitati e a questo scopo la sua Passione dovrebbe ripetersi ogni giorno sotto i nostri occhi: non rimane, quindi, alla sua maestà divina che di rimanere per sempre in mezzo a noi[5]. Ma come ciò è possibile dopo la sua morte e la sua ascesa al cielo? Era proprio necessario che questa grazia, prima di accordarcela, egli la chiedesse al Padre suo? Non sappiamo forse che la volontà dell'uno è la medesima volontà dell'altro?

È ancora un esempio di umiltà che Gesù vuole offrirci e pur conoscendo che il Padre avrebbe gradito e ratificato in cielo quanto egli avrebbe compiuto sulla terra, desidera che ci si rivolga al Padre: "O Signore…". Ma tu, o Dio, come hai potuto acconsentire? Hai ben visto come è stato indegnamente maltrattato il figlio tuo, e come puoi ora permettere che egli rimanga ancora in mezzo a noi per soffrire nuove ingiustizie ed oltraggi?

---

[5] Il significato, quindi, che la Carloni attribuisce al riferimento del *pane* nella preghiera insegnata da Gesù è quello eucaristico. Questa interpretazione si trova pure nella tradizione patristica, per esempio in san Giovanni Cassiano il Romano, che nel proprio commento al "Padre Nostro" definisce questo "pane" quello "supersustanziale" (cfr. *Conferenze ai monaci*, *Lib.* I, *Conf.* IX, 21), per indicare che si tratta dell'eucaristia.

Solo un Padre come il tuo, o Cristo, poteva esserne capace. Solo un eccesso di amore quale il tuo poteva spingerti a questo passo. E lo hai voluto compiere per intero, perché dopo averci fatto chiedere il pane quotidiano, hai anche voluto che calcassimo maggiormente la richiesta ripetendolo: "Daccelo *oggi*, o Signore"[6].

È come vantare quasi un diritto da parte nostra: ormai ce lo hai dato e non devi più togliercelo fino alla consumazione dei secoli e a noi lo lasci affinché possiamo servircene e di esso cibarci ogni giorno. Ci spetta perché è nostro: infatti osiamo dire "pane nostro".

Questo pane eucaristico è quotidiano, è di ogni giorno e di esso possiamo cibarci per sempre. Lo possediamo in terra, ma maggiormente e senza veli lo possederemo un giorno in cielo. È un perpetuo alimento e se di esso ci priviamo e moriamo di fame, è solo per nostra colpa. Il Padre ce lo diede, lo inviò nel mondo e nel mondo il figlio volle rimanere per sempre a maggiore felicità dei suoi amici e a confusione dei suoi nemici. Grandi consolazioni e delizie l'anima troverà nel SS. Sacramento e, dopo averlo gustato anche solo una volta, non potrà più farne a meno.

L'altro pane, quello materiale, non deve troppo preoccuparci. Ci sono cose ben più importanti e vi è

---

[6] L'autrice qui mette in evidenza che oltre l'aggettivo "quotidiano", dunque per ogni giorno, abbinato a "pane", vi è come un significato rafforzativo in quel precisare anche: *oggi*.

anche troppo tempo da dedicare al lavoro per guada-
gnarsi di che vivere. Se un servo si occupa e preoccupa di piacere a un padrone ricco, non temerà di non
essere saziato, perché devono temere ciò le anime
cristiane che servono il più ricco e il più potente dei
padroni? È sua cura non farci mancare il necessario:
"Se rivesto i fiori dei campi e nutro gli uccelli nella
cova, come potrò dimenticarmi di voi che siete le
creature predilette?" [cfr. *Mt* 6,25-34, ndr].

Tutti conoscono le meraviglie di questo pane del
cielo, a meno che non vogliano essere degli insensati
che chiudono gli occhi alla luce per aprirli solo nelle
tenebre. Se quando era ancora nel mondo bastava per
sanare gli ammalati il semplice tocco delle sue vesti,
come possiamo ora dubitare sui suoi miracoli, stando
personalmente con noi? Come è vero che non sappiamo che cosa realmente sia il pane quotidiano! Ma tu,
o Signore, daccelo ugualmente, affinché gustandolo,
impariamo una buona volta a conoscerlo e ad amarlo!

Rimetti a noi i nostri debiti, come noi li rimettiamo ai nostri debitori

Dopo averci donato questo cibo celeste che ci rende
facile anche la cosa più ardua e ci dà la forza di compiere la volontà di Dio: "Fiat voluntas tua", Cristo
ora prega il Padre suo e nostro di perdonarci i nostri
debiti, purché anche noi perdoniamo quelli dei nostri
debitori: "Signore, perdona i nostri debiti come noi li

perdoniamo ai nostri debitori". Non dice "come noi *perdoneremo*", ma "come noi *perdoniamo*"; infatti, possiamo chiedere al Padre un dono così grande solo quando abbiamo rimesso completamente la nostra volontà in quella di Dio, che in modo primo consiste nel perdono. Come semplice è la condizione alla quale è legata questa immensa e strepitosa grazia! In realtà, quanto poco abbiamo noi da perdonare in paragone a quello che tu, o Cristo, hai a noi perdonato! Come anche su questo punto si manifesta per intero la tua infinita e divina misericordia! Questa condizione, del resto, era necessaria, poiché troppo siamo attaccati ai punti d'onore e tutto riusciamo a superare all'infuori di questo punto.

Di fronte a questa invocazione del "Pater noster" esaminiamoci, quindi, se abbiamo già perdonato, se siamo disposti a perdonare ancora e se all'occasione sapremo veramente perdonare qualsiasi ingiuria per quanto grave possa essere.

Essere o non essere stimati, poco deve importarci, anzi maggior pena dovrebbe darci l'onore che il disonore (immeritato), più disgusto la consolazione che i travagli, poiché questo è il cammino per giungere al regno sublime, questo è il modo per piacere a Dio e da lui ricevere grazie infinite.

Come gli stolti cercano l'oro e le pietre preziose che a nulla valgono se non in questa terra, e che a volte neppure in questa terra hanno valore, così noi anime desiderose di vera ricchezza, cerchiamo con lo stesso impegno quelle gemme preziose che col tempo non impallidiscono, né perdono la loro proprietà. L'anima che si unisce alla misericordia di Dio, che riconosce il proprio nulla, che vede quanto poco abbia dovuto perdonare e al contrario quanto le sia stato perdonato, riceverà grazie e favori fino ad esserne inondata e tutte le contrarietà le appariranno come pegni dell'amore che Dio nutre per lei.

Come è sublime e perfetta questa preghiera evangelica! Racchiude in poche parole la contemplazione e la perfezione! È semplice come lo scritto di un bimbo, è grande come la potenza di Dio. Da essa scaturiscono le fonti di tutte le grazie, dà a noi la pace, dà a noi la vera felicità.

E non ci indurre in tentazione, ma liberaci dal male

Quando l'anima è giunta alla perfezione non chiede a Dio di essere liberata dalle prove, né dalle tentazioni, né dalle persecuzioni e dai travagli. Ormai sa che è guidata dallo Spirito divino e che le grazie di cui gode derivano tutte da lui; anzi, desidera queste prove, le ama e ne chiede ancora[7]. I nemici dichiarati

---

[7] Si ritiene qui opportuno ricordare che Maria Teresa Carloni fu un'anima vittima e visse profondamente questa spiritualità e le sue singolari grazie. Queste espressioni forti lo manifestano già ai primi anni del suo cammino interiore in tal senso impegnato. Tra le preghiere da lei composte, la più sconcertante è certamente l'*Invocazione al dolore*.

non sono da essa temuti, perché sa benissimo che nulla possono contro la forza di Dio. I nemici traditori, quelli sì che le mettono spavento! Quei demoni trasfigurati in angeli, che si rivelano sotto il loro vero aspetto solo dopo aver molto danneggiato: succhiano il sangue, distruggono ogni virtù, precipitano nella tentazione.

È contro questi nemici che l'anima ardentemente prega: "non ci indurre in tentazione, ma liberaci dal male". Insinuano nella nostra anima sensazioni di falsa umiltà a volte fino a farci lasciare la S. Comunione e privarci dell'orazione stessa sotto il pretesto di esserne indegni. Il turbamento della nostra anima arriva fino al punto di mettere in dubbio la misericordia di Dio, fino a non invocarla più! Tutte le opere, per quanto eccellenti possano essere, perdono il loro valore e divengono inutili! Lo scoraggiamento è tale, da sentirsi impotenti. Se il sentimento della nostra miseria può alle volte essere vera umiltà, altre volte invece è gravissima tentazione. L'umiltà, quella vera, per quanto sia profonda, non inquieta, non agita, non disturba l'anima, anzi la inonda di pace, di soavità, di riposo. La vista delle nostre miserie ci mostra che meritiamo l'inferno e ciò ci affligge, ma questa pena è temprata da tanta dolcezza, che mai vorremmo esserne privi[8].

---

[8] L'autrice si riferisce alla grazia del dolore perfetto dei propri peccati unito all'esperienza della divina misericordia.

Dilata l'anima, la rende più abile a servire, ad amare, ad espiare e offrire. Che ci rimane allora se non ricorrere all'eterno Padre e a supplicarlo, affinché questi nemici non ci traggano in tentazione? Chi se non lui potrà scoprire le loro segrete trame? Da chi andremo se non da lui, che ha parole di vita eterna? [cfr. *Gv* 6,68; ndr] È strano come il mondo si meravigli più nel vedere nell'illusione una sola anima di quelle che cercano la perfezione, che non di centomila ingannate dal demonio; ma non ha tutti i torti, perché tra coloro che recitano il "Pater noster" come veramente si deve, solo pochi si lasciano ingannare dal demonio.

Il frutto più visibile che da questa preghiera si può raccogliere è l'amore e il timore di Dio: il primo ci fa accelerare il passo, il secondo ci fa guardare dove mettiamo i piedi. Se amiamo veramente il Signore, amiamo anche tutto ciò che è buono, vogliamo tutto ciò che è buono, lodiamo tutto ciò che è buono; amiamo insomma la verità e ciò che è degno di essere amato. L'anima amante muore dal desiderio di essere riamata, consuma la vita nel cercare il modo di poter amare ancora di più, non sente il rispetto umano e si mostra, si rende palese.

È in essa un fuoco ardente che non può dare grandi bagliori, né rimanere soffocato. Se infatti non si può nascondere l'amore che portiamo alle creature, poiché come si dice: "La lingua batte dove il dente duole", come è possibile che si possa celare un amore tanto forte e tanto giusto come quello di Dio?

Esso aumenta sempre di più e trova in ogni cosa il materiale per avvampare maggiormente. Si fonda sulla certezza di venire ricambiato con l'amore di un Dio, circa la sua tenerezza non ha nessun dubbio e allo scopo di rimanere fermamente persuaso per sempre cerca ogni sorta di tormenti e di travagli fino allo spargimento di sangue, fino alla immolazione della stessa vita.

L'anima timorosa di Dio è altrettanto visibile, perché questo sentimento aumenta a poco a poco, si irrobustisce ogni giorno e non tarda a manifestarsi. La prima caratteristica è quella di allontanarsi dal peccato, di fuggire le occasioni, le compagnie pericolose. Supplichiamo allora incessantemente il Signore, affinché non ci permetta una tentazione così forte da indurci ad offenderlo per cui, malgrado gli sforzi con i quali i demoni ci tenderanno insidie, non ci faranno alcun male.

Per acquistare il timore di Dio dobbiamo considerare quanto sia importante comprendere cosa voglia dire offendere il Signore; è necessario camminare con molta circospezione, applicarci seriamente a vincere in tutto la nostra volontà. Bisogna sfuggire qualsiasi conversazione che non sia di Dio per impedire che si tengano discorsi cattivi: come succede fra le cose degli uomini, che non si dice mai male di un nostro amico in nostra presenza, così per l'amicizia che questo servo di Dio ha con il Signore, verrà rispettato da tutti e, per non rattristarlo, non si offenderà la divinità in sua presenza.

È chiaro come con queste due virtù, amore e timore di Dio, si possa battere con tranquillità e pace la via della perfezione, ma ricordiamoci sempre che sulla terra non si può avere perfetta sicurezza; il nostro divino maestro ci fece intendere questo quando, sul finire della sua orazione, si rivolse al Padre suo con queste parole: "non ci indurre in tentazione, ma liberaci dal male".

Così sia.

Padre nostro
che sei in cielo e da esso regni,
tutto l'universo canti al tuo nome "Osanna",
domini sul creato la potestà tua
e le creature tutte compiano il tuo volere
come in cielo lo compiono gli angeli e i santi.

Dacci oggi il pane per poterci mantenere in vita
ma non prima di averci offerto il cibo degli angeli
che è pane di vita eterna!
Perdona a noi le nostre colpe
come noi rimettiamo i debiti ai nostri debitori.
Non lasciarci oggi in balia dell'insidie del maligno
e liberaci dalla sua schiavitù per l'eternità.

Tu tutto questo puoi, perché Tu solo sei
La Potenza, la Gloria, l'Onore.

Così sia.

Le sette parole
di Gesù morente

La meditazione delle Sette parole di Gesù morente *fu composta dalla Carloni durante la Quaresima del 1955, anno in cui per la seconda volta, il Venerdì Santo, si manifestò in lei, oltre la stimmatizzazione, anche il sudore di sangue vissuto dal Redentore. Quell'anno fu particolarmente gravido di sofferenze fisiche e spirituali, ma altresì molto importante per la sua missione a favore della Chiesa martire. La Quaresima, quindi, e la preparazione interiore che nel silenzio e nella solitudine maturò, come si evince dal seguente scritto, costituirono significativo preludio all'intensità e fecondità dei mesi che seguirono con i loro importanti eventi e viaggi.*

Ci prepariamo alla venuta del *Venerdì Santo* e fin da questi primi giorni di Quaresima sentiamo l'atmosfera farsi più grave intorno a noi. Gli echi ancora sensibili del carnevale si dileguano vinti da questa cappa di piombo che scende sulla terra e invano cercano di profanare il silenzio dell'Uomo Dio che solo, nel deserto, prega e veglia in perfetto digiuno. Invano l'insistente richiamo della carne, mai sazia, sempre avida come lupa famelica, pretende i suoi sporchi diritti e si interpone fra l'incontro dell'Amore misericordioso e l'uomo peccatore. Il disegno di Dio non muta anche se la carne grida: la realtà è quella che è e il capo del santissimo Eremita si erge, pur chino, circondato dalla corona della regalità invitta.

Dio è geloso di questa sua opera di redenzione e, nonostante le sacrileghe bestemmie, le insidie diaboliche, il furore dell'odio satanico, il trionfo di Gesù prostrato sarà per l'eternità pieno, totale, grandioso e il sole di misericordia redentrice risplenderà, nonostante tutto, sulle sciagure umane.

Attraverso l'anno liturgico abbiamo seguito e meditato ogni passo della vita del Verbo ed abbiamo anche raccolto il grande ed eroico ammaestramento dell'umiltà. Gesù, maestro degli apostoli, dal suo apostolato intenso e perfetto, non ha raccolto alcun alloro e altrettanto dalle sue parole onnipotenti che hanno tuttavia trascinato e sconvolto la folla. È passato sulla terra facendo miracoli, suggellando la sua divinità, ma da tanto fulgore non ha tratto alcun trionfo.

Ora invece che è prono a terra, povero, solo, affamato, tentato, è veramente Re, e ciò non sfugge agli uomini di buona volontà. Qui è il canto del Dio-trionfante, del Dio-Amore; qui è la sua onnipotenza. Solo l'Onnipotente sa gettarsi prono a terra e mostrare con questo gesto la sua eterna supremazia. È inconcepibile tutto ciò alla superbia umana, ma è realtà innegabile, ineluttabile, e questo inno di trionfo e di gloria iniziato qui nel deserto con la fronte china a terra, squillerà nel suo pieno di orchestra là sul Golgota.

Cerchiamo di avvicinarci a quest'Uomo Dio ora che è inginocchiato, solleviamogli il volto e nel movimento dei suoi occhi, nell'espressione del suo viso, nel suo gesto di dolce abbandono, scorgiamo l'anima sua profondamente legata a noi da vincoli misteriosi e divini, che travolge le nostre idee e capovolge gli ideali dei nostri affetti. Il suo sguardo divino, la serenità della sua fronte, il tono simpatico della sua voce, il sorriso soave delle sue labbra, il delicato fruscio della sua carezza, in quest'ora più che mai ci fanno dimenticare le nostre crisi non sempre bene superate, per immergerci in sentimenti di bontà e di dolcezza, di perdono e di carità.

Se ci flettiamo in profonda meditazione, nel silenzio del deserto, possiamo udire i primi accordi che preparano la melodia che esploderà maestosamente sul Golgota: *"Costui era, in verità, figlio di Dio"* [cfr. *Mc* 15,39; ndr], e ciò è dimostrato non dalla sua estrinseca grandezza che gli uomini non sanno vedere e tanto meno comprendere, ma proprio per il fatto che egli è per essere condotto alla morte come un mansueto agnello. Intanto torna a ripeterci: *"Quando sarò innalzato da terra, tutto trarrò a me"* [cfr. *Gv* 12,32; ndr], e per essere innalzati, bisogna baciare le zolle. Quando il suo ginocchio, contuso per il lungo premere sul terreno, si solleverà per andare incontro all'umiliazione della croce, Egli, il Verbo, è Re immortale. L'annichilimento del Cristo trionfa così, trasformandosi nella gloria del Salvatore. La croce inventata da Semiramide[1], malefica donna, caratte-

---

[1] Dall'assiro *Shammu-ramat*, fu mitica regina di Babilonia. Secondo la leggenda greca narrata da Diodoro Siculo era figlia

rizzante la barbarie più bassa, per l'umiltà di Gesù assume onore, nobiltà, grandezza. Sul corpo nudo e sanguinante, innalzato crudelmente, è la mediazione divina che riconcilia la terra con il cielo. Ai piedi di questa croce, prima si agitano, poi si placano, tutte le iniquità della più bassa lega. Dopo le agonie atroci che squassano il petto dell'augusta vittima, il cielo dell'umanità si rischiara di serenità, di calma, di dolcezza, di coraggio, di dignità. A tanta malvagità e ingiustizia, si contrappone l'agonia del Redentore.

La testa di Gesù rimane curva, mentre il suo cuore pulsa delle vibrazioni più pure, delle emozioni più delicate e dalla sua anima sfolgora la divinità che redime.

Avvolti da sentimenti nobili, stringiamoci attorno a questo patibolo glorioso, sul quale e per il quale si compiono i nostri destini. Rimaniamo in silenzio, perché la solennità del sacrificio e la dignità della vittima non permettono discorsi.

"Parla tu, Signore, che i tuoi servi ti ascoltano" [cfr. *1 Sam* 3,9; ndr].

di una dea siriaca. Il primo marito sarebbe stato Onnes, il secondo Nino, re d'Assiria; dopo la morte di quest'ultimo, Semiramide regnò per molti anni, acquistando fama in guerra e costruendo edifici a Babilonia. In tutte le versioni leggendarie Semiramide è descritta come donna lussuriosa e di costumi dissoluti. Dietro tale figura leggendaria sembra celarsi la principessa babilonese Šammurrāmat, moglie di un re assiro; Semiramide fu reggente dall'810 all'805 a.C. in nome del figlio. Tra storia e leggenda, la sua figura è arrivata al teatro, in prosa e in musica dell'era moderna.

"Padre, perdona loro, perché non sanno quello che fanno!"

Al tempo di Gesù ogni nobile ideale sociale, cominciando dall'amore alla famiglia, subisce, per colpa del paganesimo, una profonda crisi che sconvolge ogni affetto sacro e soave. All'uomo socievole per natura, subentra la belva umana che mai si sazia del sangue del suo fratello. Il cuore è chiuso ad ogni moto di pietà e i giudei passano innanzi alla croce eretta sul Golgota e con la freddezza dell'acciaio commentano: *"Ha salvato gli altri e non può salvare se stesso. Se è figlio di Dio, discenda dalla croce e gli crederemo"* [cfr. *Mt* 27,42; ndr].

Al posto di Gesù, che avremmo noi fatto? Certamente avremmo pregato il Padre divino affinché interrompesse questi frizzi e sarcasmi con la sua giustizia vendicativa. Ma Gesù, no. Gesù ha innanzi ai suoi occhi la potenza della misericordia e chiede al Padre suo, con accenti di soave preghiera, che essa si riversi sui perfidi crocifissori: *"Padre, perdona loro, perché non sanno quello che fanno!"* [cfr. *Lc* 23,33; ndr]. È questo un risultato inatteso. Non è l'impotenza che costringe Gesù a non reagire, non è neppure il disprezzo altrui. Le parole piene di amore or ora pronunciate, lo dimostrano chiaramente. Gesù, nonostante lo spasimo dell'anima non si concentra su se stesso, non rimane assorbito dalla propria sventura, non dimentica gli altri né il mondo intero, per pensare a sé. Egli, quale anima eroica, acquista serenità proprio ove i volgari la perdono. La sofferenza è per lui bisogno di espansione verso il prossimo e annullamento di pusillanimità ed egoismo.

Perdona! Tutta la dottrina di Gesù è in questa parola: Perdona!

Dal cuore grandioso di Gesù non poteva uscire un verbo diverso: egli aveva insegnato a perdonare i nemici e di fare ad essi del bene; aveva istigato gli uomini ad amarsi; aveva insegnato affettuose parabole. Giunto sul Golgota non poteva pronunciare altro che questa parola: Perdona! È il riepilogo di tutta l'opera della redenzione, è il passo più grande che può compiere l'amore, per tentare una conciliazione con l'uomo peccatore.

Pieno di santa astuzia, cerca nella colpa ciò che è involontario e si industria di trovare anche nei colpevoli più feroci una ragione che possa attenuare le loro intenzioni: non sanno quello che fanno! Sappiamo benissimo di condannare un innocente con testimonianze false: le nostre crudeltà e derisioni si spingono oltre il diritto pubblico romano, e poiché chi condanniamo è sacro, la nostra infamia oltre ad essere oltraggio è pure sacrilegio.

Nonostante tutto questo, Gesù ci scusa presso il Padre e ci mostra il cuore trafitto dalla lancia e folle di sublime carità. Generosità degna di un Dio che ci insegna quale deve essere la nostra forza di perdono, come dobbiamo superare ogni risentimento, scacciare dal nostro animo ogni odio, ogni passione, per innalzare la bandiera della vera e santa fratellanza umana.

La parola di Cristo, potente quanto lui Verbo, scende nel cuore dell'intera umanità e porta l'uomo fuori dalle vergogne del paganesimo. Torna l'amore nobile della famiglia, della patria, del lavoro, della bontà, della bellezza. La storia inizia a contare nobili imprese di carità. Il sorriso torna sulla fronte della sposa che ora non è più strumento di passione ignobile; il figlio si china rispettoso innanzi al padre, lo schiavo vede spezzare le sue catene, il prigioniero trova compassione e l'angelo della carità di Cristo scende sulla terra a perdonare, consolare, salvare[2].

Ogni volta che l'uomo dimentica le parole di perdono dette là sul Golgota, torna ad essere lupo divoratore, percorre le contrade portando ovunque la guerra, le lotte civili, le stragi. Allora la parola divina incontra difficoltà inaudite, perché il mondo è fondato sul nauseante egoismo, mentre si proclama il diritto di vendetta e di violenza. Però, per i buoni, il perdono del Calvario vibra nelle anime e offre ad esse la vera grandezza dell'uomo. Il cuore è incapace di rancori, di risentimenti, di gelosie, di invidie ed è pronto ad abbracciare chi l'ha offeso, a soccorrere,

---

[2] In questo brano l'autrice elenca i valori cristiani alla luce della Redenzione rispetto a quanto vigeva nella società pagana greco-romana: il valore del matrimonio e dell'amore sponsale, la dignità della donna, il rispetto tra figli e genitori, la fine della schiavitù e un'etica fondamentale in nome della dignità di ogni persona umana. Il tutto grazie anche a chi si fa "angelo", cioè missionario, dell'amore redentivo di Cristo.

a consolare, ad offrire una parola di perdono e di redenzione.

Solo così si entra nel regno dei cieli, solo così è il vero progresso della rettitudine e si scorge il sorriso di un occhio che ama e di una mano che accarezza. Senza l'ideale del perdono, gli uomini saranno sempre nemici fra loro, non vi sarà il regno della pace, ma solo cimitero e putridume.

Raccogliamoci ai piedi della croce e viviamo nell'atmosfera del perdono. Perdona Gesù tutti gli infelici che ritornano a te e offri loro il beneficio rinnovatore della grazia. Riconoscano essi la vita che scende nei loro cuori attraverso il tuo sangue che implora perdono. Perdona i ciechi e illuminali con la luce della tua parola, mentre anche noi ripetiamo: perdono. Non rifiutare le nostre preghiere e accogli le lacrime di pentimento. Fa', o Signore, che sia vinto l'egoismo mediante la carità della tua croce e la parola di perdono sia espressione di vita viva, e preludio di pace e felicità eterna.

"Te lo dico in verità, oggi sarai con me in paradiso"

Col primo peccato tutte le sventure sono scese sull'infelice umanità: la colpa, la concupiscenza, l'egoismo, la perdita della grazia e dell'innocenza. Le miserie più grandi si sono venute accumulando sulla terra e l'uomo ha compreso la profonda amarezza che invade il suo animo quando le forze nobilissime del suo spirito vengono soffocate dal male. Ma non c'era via di scampo; prima o poi la creatura sarebbe precipitata nella rovina più completa, nella disperazione… Però: ecco sorgere una speranza nuova nelle parole divine della promessa di un Riparatore, e lungo i secoli, i filosofi ci discutono, i pittori la dipingono, i poeti la cantano e così la pura luce dell'Ideale torna a brillare sul mondo. Finalmente un giorno felice, questo Ideale prende la forma di un piccino a Betlem e più tardi risplende come un raggio di sole sulla croce insanguinata: Gesù di Nazaret.

Alla destra di Dio si ritrova ogni bellezza, ogni bontà; dalla destra di Dio si ode il rantolo dell'umanità agonizzante, la voce della coscienza, il sospiro del penitente; è Gesù di Nazaret che siede alla destra del Padre, da dove un giorno scenderà nuovamente sulla terra per giudicare i vivi e i morti. Per questa stessa ragione di bellezza e di bontà, Dio forse ha permesso che Disma fosse posto alla destra del Salvatore morente, e che quindi da questo lato giungesse la richiesta angosciata ma fiduciosa del perdono: *"Ricordati di me, Signore, quando giungerai nel regno tuo"* [cfr. *Lc* 23,42; ndr].

Nonostante che questo giustiziato veda Gesù morente della medesima sua morte, pur vedendolo assiso sul trono di un infame patibolo, con lo scettro formato solo di chiodi acuti, con la corona intrecciata di spine, con la porpora intessuta dal suo sangue, egli lo riconosce re. Una crisi improvvisa ha fatto di lui da ladrone, un santo, con le più grandi virtù: fede, speranza, carità. *"Haec mutatio dexterae Excelsi!"*[3] e miracolo dell'onnipotenza di Dio e felicissimo Disma che ha saputo cogliere questo ideale!

Aveva conosciuto Gesù da piccino, aveva sentito parlare di lui, ma non si era mai accostato al Maestro, non lo aveva mai ascoltato quando al mattino stesso, innanzi a Pilato, si era proclamato re, parlando del suo regno che non è di questo mondo; egli ascolta solo ora le grida dei forsennati, gli insulti che al crocifisso si rivolgono e li contrappone al perdono che il medesimo invoca in favore dei suoi crocifissori! Alla illuminata mente di Disma, questo morente si pone al di sopra dell'uomo, perché un ipocrita o un illuso non può in quest'ora mortale avere tanta generosità e nobiltà di animo.

Disma ha fede: perché, colui che chiama Dio suo Padre, che prega per i carnefici, non dovrebbe ricordarsi misteriosamente di lui? Ha fede che egli sia re, spera nella sua bontà, e chiede perdono, con una semplice invocazione di ricordo. Disma è umile! È la verità che scaturisce dal suo cuore, quella verità che trionfa su tutte le apparenze fallaci. Allorché Disma vede la virtù sprigionarsi da quel cuore con tanta veemenza, ha un palpito di carità, abbandona ogni scetticismo e in lui nasce il desiderio, superando la morte, di divenire migliore. Questa provvidenziale

---

[3] "È mutata la destra dell'Altissimo": *Sal 77* (76),11.

circostanza lo fa incontrare con il cuore del massimo apostolo, con l'eroe della carità e, toccando con mano l'esistenza della virtù, innanzi ad essa si inchina riverente.

Rivive le verità religiose un giorno ascoltate dal labbro della sua mamma o di qualche mamma buona, e con un atto di virtù rende dimostrazione pratica della verità. Tutti i suoi sentimenti vengono sintetizzati in una breve, semplice, ma profondamente umile preghiera: *"Ricordati di me, o Signore, quando sarai nel tuo regno"*. Una frase così semplice degna della ingenuità di un bimbo che pur cattivo spera sempre ed è certo nell'amore della madre, esce dalle labbra di un autentico ladrone sempre vissuto nel più basso peccato. Ciò commuove il cuore del divino crocifisso, perché di fronte all'amore che attira, la forza disgregatrice del peccato cozza e si infrange, e dalle labbra del medesimo, ecco la parola che conforta e redime: *"Te lo dico in verità, oggi sarai con me in paradiso"* [cfr. *Lc* 23,43; ndr].

Questa frase, pur essendo rivolta a Disma, è anche per tutti noi, se vogliamo accoglierla, e segna il destino dei nostri desideri. Una realtà di gioia inonda i nostri cuori e, come al ladrone, fa anche a noi dimenticare un passato di dolori e di lacrime. Oggi sarai con me in paradiso: è la promessa di Dio attuata, è la possibilità sulla terra di sante e gloriose battaglie per la conquista del Cielo. Se abbandoniamo questo ideale di paradiso, al di là della morte, noi lo cerchiamo quaggiù, insanguinando la terra per una spietata concorrenza. Se abbandoniamo l'ideale del paradiso, l'anima si immergerà nelle tenebre, il cuore perderà la sua pace, la vita diverrà un inferno, la luce della carità non riuscirà più ad illuminarla. Durante venti secoli di storia si è resa ben chiara la realtà della sorte di coloro che rifiutano la giustizia e l'amore.

Quante volte Iddio ci ha fatto sentire la sua voce con le amarezze e con le angosce che hanno tolto dal nostro cuore il piacere invano cercato nei momenti del peccato! Quelle amarezze e quelle angosce erano i moti della grazia in noi che ci spingevano alla penitenza e ci offrivano la possibilità di riparazione, ma noi siamo rimasti sordi e insensibili!

Ora Gesù, coperto di piaghe e irrorato di sangue, torna ancora a chiamarci senza una parola di rimprovero, ma solo di amore. Chi di noi oserà ancora resistere a questi inviti dell'Uomo di Dio che si sacrifica e muore solo per la nostra salvezza? Chi avrà il coraggio di sorridere con sarcastica incredulità sul dialogo che è passato tra Gesù e Disma, e continuerà a passare tra Gesù e noi, fino alla consumazione dei secoli?

Sì, veramente ricordati di noi, o Gesù, nel tuo regno di pace e di amore; ricordati di noi che vaghiamo come poveri naufraghi fra le onde della vita spirituale, mentre l'enormità dei nostri peccati tenta di trascinarci nel baratro della gorga. La tua misericordia sola può giungere fino all'abisso e sollevare la nostra miseria, purché tu ci venga incontro con il bacio del perdono e della promessa divina. Ricordati di noi, che pur dal profondo delle nostre miserie, aneliamo esclusivamente all'Ideale del paradiso. Al ladro pentito hai dato ascolto, a noi offri la speranza di giorni eterni, nello splendore della tua gloria, e ripetici nell'ora della morte: *"Oggi sarete con me in paradiso"*.

"Donna, ecco tuo figlio", "Figlio, ecco tua Madre"

Accanto al Redentore che sale l'alto del Golgota, vi è la Corredentrice, la quale, chiamata per volontà di Dio a questa missione, dopo la continua ascesa della sua vita faticosa e straziante, si prostra ai piedi della croce e lì attende il principiarsi della sua mistica maternità in favore di tutti i redenti. Maria, che si era tenuta lontana dal Getsemani, che si era accostata solo ad intervalli presso il sinedrio e il pretorio, ora è una cosa sola con la croce, perché il suo corpo è stretto ad essa e la sua anima partecipa sensibilmente e spiritualmente alle inaudite sofferenze del crocifisso.

In ogni fibra del suo spirito, infatti, sono i dolori crudeli che straziano e martirizzano con violenza diabolica il corpo delicato di Cristo: il suo Gesù; nella sua anima vi è la stessa tristezza e desolazione dell'anima di lui; e pur sentendosi spinta, logicamente, a soccorrerlo e confortarlo, per l'accettazione libera da parte sua della mistica maternità, si impone una passività straziante che sacrifica il suo tenero cuore di donna e di madre, e lascia che il Figlio suo soffra e muoia senza neppure il conforto della carezza materna.

Erroneamente c'è chi dice che la vita della Vergine è semplice e imitabilissima: ciò dimostra, o una profonda ignoranza intorno alla sua persona, o una concezione troppo soprannaturale che oltre a far dimenticare i dolori della Vergine, credo, offenda la sofferenza di Gesù nei riguardi della sua Madre santissima. Non si deve certo dimenticare il lato soprannaturale che è in Maria, ma ciò non può e non deve oscurare la sua femminilità e la sua reale maternità. Maria è donna e madre nel vero senso, anche umano della parola, quindi il dolore soprannaturale di Maria è Cristo vittima della giustizia del Padre[4], mentre il suo dolore umano è il Figlio vittima delle sociali ingratitudini, delle passioni umani solidali con l'infamia.

Forse solo una donna-madre può comprendere le sofferenze della Vergine Santa mentre stretta alla croce di Gesù assiste, passiva esternamente, all'agonia del Figlio suo diletto. Ella guarda il frutto del suo verginale e immacolato seno; conosce, perché vive, tutti i dolori che lo opprimono, ma non gli assesta i capelli scomposti; non gli asciuga gli occhi inumiditi dalle lacrime e dal sangue; non gli bagna le labbra assetate; non fa delle sue braccia un guanciale ove

---

[4] La teologia contemporanea interpreta questa "giustizia" in ordine al peccato e non più al peccatore: Cristo, fatto per noi peccato, è come la spugna che assorbe l'intensità del male del peccato per liberarne l'umanità. Al tempo stesso, Uomo dei dolori, Egli manifesta visibilmente all'uomo l'orrore del peccato: cfr. *2 Cor* 5,21; *1Pt* 2,24.

quel capo straziato e lacerato dalle spine possa riposare; non muta posizione a quelle mani e a quei piedi traforati. Non lo fa, non perché non potrebbe, non lo fa perché non vuole, perché è la Corredentrice, perché ricorda la sua mistica maternità alla quale è chiamata come una vocazione. Ora chiedo a una madre, se vi è spasimo più grande! Eppure Maria, come una statua del dolore, è là muta e immobile.

Nell'ora della Redenzione i peccatori vengono preferiti ai giusti, e infatti mentre i crocifissori hanno ricevuto il perdono, il ladrone la promessa del paradiso, tutto e tutti sembrano dimenticare quella Madre non meno agonizzante del Figlio. Ho detto tutto e tutti, ma un'eccezione c'è, ed è l'eccezione che dà risalto e giusta testimonianza al dolore di Maria. È il Figlio che si rivolge a lei con una parola che ella conserverà per l'eternità nel suo cuore, ma che lo farà contemporaneamente straziare di un dolore indicibile, poiché è la manifestazione della morte imminente, è l'addio supremo, è lo schianto di una separazione atrocissima: *"Donna, ecco tuo figlio"* e a Giovanni personificante l'umanità intera: *"Figlio, ecco tua Madre"* [cfr. *Gv* 19,26-27; ndr]. La frase, ho detto, scende nel cuore di Maria ed è come una spada che trafigge il suo petto: la figliolanza a lei lasciata in quest'ora, pur immensamente amata, non potrà mai compensare la perdita del suo Gesù.

Maria è però rassegnata a questo dolore e la sua anima elevata a Dio vede compiuta la sua missione iniziata più di trent'anni fa nella piccola città di

Nazaret con quel suo stupendo *"Fiat"*. Quel giorno l'arcangelo Gabriele le disse: "sarai Madre del Verbo", ora il Verbo le dice, affidandole la sua cara eredità: "Sarai Madre dell'uomo", e con ciò l'associa alla sua missione divina di redenzione[5].

In questo momento il *"Fiat"* di Nazaret si congiunge con il *"Fiat"* del Calvario e Maria concepisce, questa volta nel dolore, la sua prole: è la donna che l'apostolo san Giovanni nell'Apocalisse vede sofferente per i dolori del parto [cfr. *Ap* 12,2; ndr]. L'umanità pure ha accolto la frase a sé rivolta e si è sempre compiaciuta di invocarla quale Madre: Madre che non giudica ma difende, Madre che non rimprovera ma intercede.

Gesù premia in quest'ora il sacrificio della Mamma sua, e accanto all'umanità le offre l'onnipotenza per grazia[6], affinché suo divenga il problema della

---

[5] Stupendo è l'accostamento che l'autrice fa della maternità divina di Maria a Nazaret e della maternità redentrice della Vergine medesima sul Calvario. Viene in tal modo molto evidenziata la verità della nuova Eva, madre dei redenti. Come Eva divenne madre dell'umanità nel peccato, così e molto di più Maria diventa Madre della nuova umanità.
Cfr. L. Cignelli, *Maria nuova Eva nella patristica greca (sec. II-V)*, Edizioni Porziuncola, Assisi 1966.
[6] Nel 1954, anno mariano, Maria Teresa Carloni scrisse, dedicandolo a Pio XII, un testo sulla Madonna di 718 pagine dattiloscritte (1619 manoscritte): "Onnipotente per grazia e mediatrice universale", che il Papa lesse ed annotò, suggerendo il titolo stesso, in cui si intendeva fare riferimento a Maria "mediatrice di tutte le grazie" nella sua maternità universale partecipe del mistero del divino Figlio Redentore.

predestinazione[7]. Gesù, oltre che vedere in Maria il dolore di madre, nota anche la magnanimità della donna e solennemente la chiama con questo titolo che significa: *Signora*. Infatti ella, donna forte, tetragona al dolore, non ha conosciuto l'egoismo durante la tragedia del Golgota, né ha rifiutato di essere madre persino dei deicidi[8].

A lei sono affidate le sorti spirituali e temporali dell'umanità intera, sia quando il dolore flagellerà i cuori degli uomini, sia quando la pura gioia farà gustare ai medesimi un pallidissimo raggio dell'eterna felicità. Nel dolore offrirà la forza della rassegnazione; quella rassegnazione che innalza a Dio e rende meno amara la vita[9].

Cessi ogni bestemmia contro la più pura delle creature, contro la più amabile ed affettuosa delle madri: ella è, per elezione del Figlio suo, la Regina dei martiri. Infondiamo nei nostri cuori la riconoscenza e l'amore che a lei dobbiamo, e prostrati innanzi all'immagine della Vergine, con le mani congiunte e

---

[7] Si intende qui la verità della universale chiamata di ciascun uomo alla santità, a cui solo la libertà umana può opporsi. Cfr. anche LG 40.

[8] La generosità perfetta nell'amore della Vergine Maria accetta per figli gli uomini tutti, a causa del peccato dei quali il suo Figlio divino viene ucciso. Tutta l'umanità in tal senso è colpevole del deicidio.

[9] Nelle *Litanie Lauretane* Maria sarà invocata come "auxilium peccatorum" e "consolatrix afflictorum".

il santo rosario fra le dita, ripetiamo col cuore: *"Ave, o Maria, piena di grazia, il Signore è con te, tu sei benedetta fra le donne; prega per noi sempre e specialmente nell'ora della nostra morte"*.

"Dio mio, Dio mio, perché mi hai abbandonato?"

È il peccato di ribellione che ha condotto l'uomo ad essere un randagio sulla terra, troppo spesso lontano dall'occhio amoroso di Dio. Peccato di superbia folle, che gli ha fatto credere di poter trovare in se stesso la ragione della propria felicità… e si è perduto come una stella errante nella volta immensa del cielo creato!

La natura tutta (la terra con i suoi fenomeni, il firmamento con la sua distesa immensa e il movimento dei suoi astri, il mare con i suoi orizzonti tra acqua e cielo, persino le creature irragionevoli con la loro ribellione all'uomo), la natura tutta, ripeto, cercava di ricongiungere la creatura con il suo Creatore, ma ella folle si era arbitrariamente fatta centro delle proprie tendenze e delle proprie operazioni. La mente e il cuore non reclamano più l'unione con Dio. Quando dall'alto del Golgota si ode il grido: *"Dio mio, Dio mio, perché mi hai abbandonato?"* [cfr. *Mt* 27,46; ndr] sono trascorsi diversi secoli dall'abbandono della divinità da parte dell'uomo.

Nella furia tremenda di un'esplosione formidabile della tragedia che culmina nella catastrofe, è Gesù, il

Figlio di Dio, che sotto il dolore spaventoso e scrosciante, lancia questo grido. Quante volte anche noi, quando ci troviamo abbandonati, con il cuore in tumulto, con l'intelligenza illuminata solo a scatti dalla ragione e dalla fede, disorientati e frementi, abbiamo scagliato contro il cielo le medesime parole! Tante volte sì, ma mai con la stessa invocazione di Gesù; il nostro è sempre stato un grido di ribellione. Ma tuttavia, come mai esso è potuto uscire dalle labbra di Gesù-Dio?

In Gesù tutto è armonia, ed è un controsenso pensare che Dio abbia voluto e potuto abbandonare se stesso. Le due nature nel Figlio, divina e umana, sussistono, congiunte nell'Ipostasi[10], nella seconda Persona divina, nel Verbo, e da essa fluiscono su quella umana come raggi di luce che non si possono più arrestare. E allora? Nell'attimo supremo del sacrificio, dalla divinità di Gesù, si sprigiona una misteriosa forza onnipotente che attenua, per lo spazio di un baleno, l'azione di quella beatitudine che per l'umanità di Cristo è visione perenne di Dio[11]. È, in altre parole, la divinità che assume le forme severe

---

[10] La Carloni ricorda qui il dogma cristologico per il quale Cristo è la seconda Persona della SS. Trinità, dunque Persona o Ipostasi divina, in cui sussistono senza confusione, senza mutazione, senza divisione e senza separazione la natura divina e la natura umana (concilio di Calcedonia, 451).
[11] L'autrice spiega che ci fu un istante in cui l'umanità di Cristo non godette della visione beatifica.

della giustizia e per rimanere soddisfatta, vibra il colpo mortale sulla vittima lasciandola così nell'angoscia e nella desolazione[12].

Questo stato d'animo in Gesù non è del tutto nuovo: l'abbiamo già riscontrato nel deserto, quando la sua umanità, dalla divinità fu lasciata in balia di satana; ed ora sulla croce si ripete con più violenza il medesimo fenomeno. Gesù deve sperimentare, quale uomo, fin nelle sue profondità il dolore dell'abbandono; e il suo grido quindi sorge proprio dalla desolazione che opprime la sua anima. In quest'ora egli è Cristo-vittima, non Cristo-Dio; è Gesù che muore come uomo non come Dio[13]!

Gesù sul Golgota non è più l'affascinante Maestro-Messia che ha trascinato le folle, non è più colui che converte l'acqua in vino, che moltiplica il pane e i pesci, che ridona vita ai morti, luce ai ciechi, udito ai sordi, membra agli storpi, non è più il rivoluzionario delle anime: egli è solo il Redentore coperto dalle colpe dell'umanità intera, e che deve provare la desolazione in cui si trova chi egli rappresenta. Naturalmente la giustizia divina non può ripercuotersi sulla divinità del Cristo, ma solo sulla sua umanità,

---

[12] In un linguaggio preconciliare Maria Teresa afferma che il Padre permette che Cristo sperimenti in tutto la conseguenza del peccato: il "silenzio" di Dio, l'"assenza" di Dio.

[13] Ampiamente nelle lettere paoline e in quella agli Ebrei viene presentata questa rivelazione, in particolare cfr.: *Rm* 8,3; *2Cor* 5,21; *Eb* 2,14-18; 4,15; 5,7-9; 12,1-3.

ed ecco perché il grido che esce dalle sue labbra è proprio il lamento autentico di chi è abbandonato.

Ma non è una bestemmia, come a volte, e quasi sempre, è la nostra sia pur medesima espressione. Non è una bestemmia, no, non è un grido di disperazione; al contrario, è una affermazione imponente del suo trionfo. Non è neppure un mistero: per vedere chiaro basta avere seguito il crocifisso fino al punto estremo ed avere meditato sull'amore che Gesù ha avuto per gli uomini; *"Ha voluto essere provato in tutto, fuorché nel peccato, per essere misericordioso"* [cfr. *Eb* 4,15; ndr]. Egli, in questo momento, rappresenta il vuoto di chi si trova nella necessità di uno sguardo, di una parola, di un soccorso. E che cos'è l'anima se il suo occhio della fede non vede più Iddio, se il suo orecchio non ode più la parola di Dio?

In noi scendono contraddizioni spaventose, tragedie che contrastano con la bontà e la provvidenza divina; trionfa l'ingiustizia, viene premiata l'iniquità e calpestata la virtù; i volgari sono innalzati, felici, applauditi; i buoni al contrario, perseguitati, scherniti, derisi. Così è inutile invocare Iddio, la pace non torna nel nostro cuore. Il nostro grido deve avere l'espressione di quello di Gesù morente, la carità deve rimanere salda soprattutto in quest'ora, mostrare così, come Cristo, il suo trionfo proprio della desolazione.

Da tutte le anime Dio vuole, per misericordiosa giustizia, dei momenti di eroismo e sembra abbandonarle alle loro forze perché, pur lamentandosi, si sforzino con virilità a sperare nel Padre celeste. Queste crisi profonde dello spirito, bisogna accettarle, in quanto esse solo ci danno modo di risorgere con verità e giustizia.

Quando siamo straziati dagli affanni di una vita oscura, non rassegnati all'esilio dell'anima, ripensiamo alle parole di Gesù, ma senza ribellione, e come lui gridiamo: "Dio mio, Dio mio, perché ci hai abbandonati?". Come un lampo che squarcia il cielo oscuro, come un vento che spazza via ogni nube, scenderà su di noi la risposta del Padre misericordioso, la rassegnazione e ancor più il *Magnificat,* accompagnato dal desiderio di apostolato per la salvezza nostra e dei nostri fratelli, mediante la cristiana speranza. Nel pronunciare le parole di Gesù morente, ci sia il ricordo di te, o Verbo incarnato, che solo ci congiunge al tuo amore e alla beatifica vita che ci hai preparata mediante la redenzione.

Fa', o Gesù, che questo grido di desolazione: "Dio mio, Dio mio, perché mi hai abbandonato?", oltre ad essere una invocazione, sia un grido di allarme che erompa dal nostro petto e ci spinga alla resistenza, al trionfo della speranza cristiana, al conseguimento dell'eterna giustizia: nostra predestinazione[14].

---

[14] Questo terribile e oscuro grido di Gesù morente viene quindi interpretato dalla Carloni come l'invocazione della grande speranza teologale, cioè come la certezza che "di cielo siamo fatti... e al cielo torniamo" (san Giovanni XXIII). La conclusione richiama una profonda verità teologica: Dio crea ciascun uomo "pre-

"Ho sete"

Le torture fisiche e morali di Gesù si manifestano anche con la sete ardente.

Dall'Ultima Cena Gesù non aveva più bevuto e tanto sangue aveva perduto prima nell'orto degli ulivi, poi per le violenze immani e barbare dei deicidi. Ora continua a versarne dall'alto della croce, attraverso le incontabili piaghe e più abbondantemente ancora dal capo circondato di spine, dai polsi e dai piedi trafitti. Anche internamente ne versa per la tensione e compressione delle viscere. Lo strazio della sete sembra superare tutti i tormenti sofferti, persino il ricordo di Giuda impazzito, il rinnegamento di Pietro, la incomprensione degli uomini, la ferocia dei carnefici. Questa sofferenza fisica è per Gesù, come per tutti gli uomini, singolare e difficile alla rassegnazione. Dopo il digiuno completo nel deserto egli non disse: "Ho fame", ma quando stanco dal suo apostolato sotto il sole rovente, si sedeva accanto a un pozzo, aveva spesso chiesto, come alla samaritana: *"Dammi da bere"* [cfr. *Gv* 4,7; ndr].

Anche in questo momento manifesta la sua sete, ben sapendo che per risposta avrebbe avuto dell'ace-

destinato" – ovvero orientato e "ordinato" – alla deificazione o divinizzazione e, perciò, alla partecipazione piena alla sua gloria. Non c'è in Dio altra predestinazione per le creature che egli ama e chiama all'esistenza. Soltanto la libertà di ciascuno di noi può rifiutare tale divino progetto, o disegno, su di sé e abortirsi eternamente "per una risurrezione di condanna" (cfr. *Gv* 5,29).

to che per il suo composto acido e bruciante, avrebbe solo aggiunto un nuovo strazio fisico. La sua sete quindi manifestata, oltre a rivelare un voluto aumento di sofferenza, nasconde un grande mistero: un mistero di amore, il bisogno ardente della sua anima di fare felici gli uomini.

Egli aveva già parlato di questa sete; chi lo ha seguito ricorda che ripetutamente aveva detto: *"Chi crede in me non avrà più sete. Se qualcuno ha sete venga a me e beva. Chi crede in me ha una sorgente di acqua viva. L'acqua che io gli darò, sarà in lui una sorgente che zampillerà fino alla vita eterna"* [cfr. *Gv* 7,37-38; 4,13-14; ndr]. È questa l'acqua che dall'alto della croce con il suo: *"Sitio – Ho sete"* [cfr. *Gv* 19,28; ndr] Gesù chiede al Padre per riversarla poi sul cuore degli uomini, affinché esso non sia un deserto sterile e desolato, ma bensì un giardino ricco di vegetazione e di profumi olezzanti per l'eternità.

Cristo ha sete di nuovi dolori, se questi sono necessari, perché ha sete della salvezza delle anime, perché ha sete della felicità eterna di tutti i redenti. Questa parola uscita dalle labbra arse di Gesù, non è rimasta senza risposta: pochi minuti dopo ha segnato il ristabilimento del regno di verità e di giustizia che manifesta l'opera redentrice del Dio del Calvario assetato. Giacché la sete di Gesù è mistica, assume il valore che può redimere l'uomo e questi in essa trova la forza di spazzare dalla terra l'ingiustizia con tutte le sue conseguenze ed essere agitato dalla sete delle virtù, prima fra tutte la carità. Ascoltando la sete di Gesù sul Calvario, sete di giustizia, di amore e di santità, le creature si ridestano, riconoscono la propria dignità e si ispirano ad azioni nobili, imitanti il più possibile il divino modello.

Solo chi non guarda il crocifisso assetato, solo chi dimentica questo grido di Gesù morente, ha in sé il regno dell'ingiustizia, che affoga nei gorghi più luridi ogni santa e nobile virtù, ogni passione bella e pura e nel proprio cuore mancherà per sempre, come nel deserto, la goccia d'acqua. Al contrario invece, nelle anime generose, che pendono dalle labbra del Redentore assetato del vero, del bene, del bello, vi è una continua ascensione delle virtù che nobilitano l'esistenza umana e rendono bella e cara la terra. A questo ideale si aggrappano infatti tutti i martiri – anime eroiche di carità e di giustizia – di ieri e di oggi, generosi campioni dell'amore, della famiglia, della patria. La Chiesa di Roma ovunque ha salvato e salva alle anime i benefici frutti e la bellezza della Redenzione: dal protomartire[15] ad oggi i martiri assetati estinguono con il loro martirio la sete che i popoli hanno della giustizia e della civiltà cristiana.

Mentre l'infamia ricopre coloro che, come ieri sul Golgota, oggi offrono aceto alla sete della Chiesa, il martire divino, seguito dalla folta schiera dei martiri

---

[15] Santo Stefano diacono: cfr. *At* 6,8-7,53. Maria Teresa parla della Chiesa di Roma, cioè cattolica, perché lo scritto risale a prima del concilio Vaticano II e il dono del martirio dal Signore indistintamente concesso a cristiani di ogni denominazione non era ancora considerato secondo la riscoperta ecumenica degli ultimi decenni, specialmente da Giovanni Paolo II a Papa Francesco, annunciatori dell'ecumenismo dei martiri.

umani, offre il calice alle genti anelanti delle più pure sorgenti di verità e di giustizia. Come hanno trionfato i martiri di ieri, trionfano i martiri di oggi, perché non può esserci completa indifferenza umana dinanzi alla visione del Dio fatto uomo che sotto il peso di tormenti insopportabili suda sangue ed emette un lamento: "Ho sete", "Ho sete di voi!". I martiri di oggi ci dimostrano che lo spirito umano è ancora e sempre tormentato da questa sete di verità e di giustizia; come potremo allora dubitare dell'avvenire? Essi sono la molla di acciaio che scattando sotto il martirio muovono un sistema di vita il cui risultato è la carità.

Con il cuore quindi tendente al Dio assetato, con la mente rivolta ai martiri del passato, con gli occhi riverenti puntati sui martiri di oggi e di domani, ripetiamo anche noi: *"Abbiamo sete"*. Sete, Gesù, nei momenti di gioia; sete, Gesù, nelle ore di dolore. Dissetaci alle tue fonti e quieta le ansie della nostra intelligenza e i fremiti del nostro cuore. Se durante queste ansie e questi fremiti, noi dovremo ingoiare aceto, lo faremo con te, uniti al tuo sacrificio che è anche il nostro: questa stessa, era la tua sete. Dal nostro cuore riarso da tanti peccati, fa' spremere una lacrima, una lacrima che per amore si trasformi in acqua e irrighi il deserto del nostro spirito.

"Tutto è compiuto"

Ecco la parola di trionfo e di vittoria per l'Uomo Dio che muore: essa chiude l'era simbolica pagana, sbalza via gli idoli e i feticci, squarcia il velo alla novella religione. Mentre l'uomo, anche eroe, chiudendo gli occhi per sempre è costretto a dire: "Tutto è svanito, tutto è finito", Gesù morente grida all'umanità atterrita e in silenzio: *"Tutto è compiuto"* [cfr. *Gv* 19,30; ndr]. In questa frase, oltre all'amore commovente del Redentore, si scorge la forza del Dio che rapisce e vince. Momenti di infinito valore trascorsi sul Golgota!

Le tenebre in pieno giorno si addensano sul cielo e tutto oscurano, lo spettacolo del crocifisso pendente diviene terrificante, l'aria stessa è satura di profonde emozioni. La terra tutta, sconvolta di un terrore preoccupante, rivela che qualche cosa di divino in quest'ora solenne sta per compiersi. È l'ora infatti dei grandi misteri della grazia, e il divino Redentore, cosciente della sua missione condotta a termine, la comunica all'universo intero, con un grido che è di compiacimento: *"Tutto è compiuto"*.

Questo grido penetra anche nelle profondità dell'oltretomba e compie la speranza dei patriarchi, appaga i sospiri dei giusti del Vecchio Testamento, avvera le profezie dei veggenti, testimonia la ragione della storia, delle tradizioni, dei sacrifici, delle lacrime: "Tutto è compiuto". La giustizia divina ora reintegrata nei suoi diritti[16], permette che l'uomo si stringa al patto della nuova alleanza fra esso e Dio.

---

[16] La frase intende che la signoria di Dio è ristabilita nella nuova creazione.

Gesù diviene il centro: da un lato il passato con le sue speranze, dall'altro il presente e il futuro con la loro fede. Nessuno può vantarsi della bellezza eterna della propria opera, solo Gesù crocifisso, Maestro supremo dell'umanità, può dichiarare compiuta appieno la sua opera che è sempre allo stesso modo moderna e sublime, anche dopo venti secoli.

Il "Tutto è compiuto" di Gesù sul Golgota ci dimostra e ci assicura che egli ha sempre deciso e sempre deciderà delle sorti e delle opere degli uomini. La sua frase è l'ultimo verso del più grande poema: l'Incarnazione; è l'ultima strofa del sanguinante inno: Passione e morte, e pone nelle mani degli uomini i propri destini. Alla luce di questa parola si effettua l'opera dell'incivilimento e delle glorie umane; anche dopo venti secoli, è fermento vitale che agita le menti e il cuore delle creature invano cercanti altri maestri e altri salvatori! È il sospiro dei cuori, la forza dei deboli, il conforto degli afflitti, la difesa degli oppressi, il terrore degli sfruttatori, lo spavento dei malvagi. Gesù che ha tutto compiuto, è il ricercato, l'amato; è inutile che il latrato di satana si oda nelle sporadiche rivolte: non si illudano i suoi seguaci, non è più il tempo di Voltaire[17].

Proprio ove più satana infierisce, gli uomini aprono gli occhi e solo in Gesù vedono il domi-

---

[17] La Carloni qui vuole dire: dell'ateismo, del razionalismo.

natore del passato, del presente e del futuro; l'unica salvezza, perché l'unico vivente che ha potuto gettare in faccia al mondo, senza timore di essere smentito, la realtà della sua opera perfettamente compiuta.

Ma ancor più, nella parola "Tutto è compiuto", l'umanità debole trova la rassegnazione nelle sventure. Mentre le micidiali lotte interne sconvolgono ora continenti interi, gli uomini piangenti per tanto lutto volgono i loro sguardi verso la croce del condannato del Golgota e dalle labbra di questo martire attingono la parola che rasserena e offre coraggio. Il dolore infatti, quando viene vivificato dalla fede, è materia di redenzione, forma di amore che si dona in espiazione. La gioia fa di noi degli esseri leggeri e superficiali, il dolore ci eleva fino alla santificazione.

Senza il dolore Gesù non avrebbe potuto pronunciare: "Tutto è compiuto"; senza il dolore l'umanità non avrebbe raccolto questo grido, né avrebbe potuto trovare la forza per la conquista della palma dell'eterno trionfo. La storia fino ai giorni d'oggi ci presenta innumerevoli disgraziati che hanno cercato e cercano di sottrarre agli individui e alle nazioni la magnifica e grande consolazione di ripetere col Cristo: "Tutto è compiuto". Ma, folli! I martiri di ieri, di oggi e di domani, sui dittatori, sugli eresiarchi, sugli apostati, sui sacrileghi, intonano invitti l'inno trionfale del *Te Deum*: "Tutto è compiuto", è inutile che vi affatichiate.

Si voglia o no, le anime corrono ai piedi di Cristo, e questa è la risposta più dimostrativa alla parola del Redentore. Ritrovano senza orgoglio se stesse, affrontano ogni ostacolo, non rifiutano sacrifici, e se disgraziatamente sono cadute, balzano in piedi più forti di prima.

Raccogliamoci intorno a questo insegnamento del "Tutto è compiuto" e guidati dall'ombra proiettata dalla croce sulla terra, che è vera e unica luce, avanziamo sulla via già battuta dal divino dominatore. Solo così nel momento della morte vedremo la vita come nebbia che si dissolve al raggio del sole; come un seme che nella putrefazione inizia a spuntare pieno di rigoglio. In quel momento potremo sì accostarci senza alcun timore al Cuore Santissimo di Gesù e dire come lui: "Tutto, o Signore, nell'amore e per te, è compiuto"; ed egli ci risponderà: *"Servo buono e fedele, ti è riservata la corona della giustizia che io, giudice giusto, rendo a chi mi ha servito in vita; perciò vieni, entra nel gaudio del tuo Signore!"* [cfr. *Mt* 25,21ss.; *2Tm* 4,8; ndr].

"Nelle tue mani, Padre, raccomando lo spirito mio"

Siamo al termine delle ore di agonia e con gli occhi velati di lacrime guardiamo la Vittima nei suoi spasimi e momenti estremi.

Gesù, sentendo che la sua ora sta per giungere, vuole illuminare agli uomini che lo circondano di amore, lo spaventoso mistero della morte: "*Nelle tue mani, Padre, raccomando lo spirito mio*" [cfr. *Lc* 23,46; ndr], racchiudendo in questa frase due verità: l'esistenza di Dio, l'immortalità dell'anima. La morte allora appare nel suo significato luminoso e bello che offre a noi le consolazioni dell'eterna salvezza e della eterna felicità. Cosa più bella dell'affidare la nostra anima a Dio non esiste, perché solo Iddio ci darà piena soddisfazione, dopo le innumerevoli delusioni della terra.

Gesù, che bene misura il valore immenso dell'anima di fronte alla morte, si rivolge al Padre e raccomandandogli il suo spirito, raccomanda pure quello di tutti gli uomini. Per sé non ne aveva alcun bisogno: egli è l'Uomo Dio, la cui anima nell'unione ipostatica delle due nature[18], è già eternamente nella santità e nella visione beatifica. Gesù morente pronuncia questa frase solo come uomo, come condannato, come nato da donna, come carne, come morente per noi, come imminente cadavere da dover chiudere nel sepolcro e poi elevarsi al cielo. Gesù, che durante la sua vita aveva spesso ripetuto: "*Imparate da me*" [cfr. *Mt* 11,29; ndr], anche nell'ultimo istante della sua vita ci offre un esempio, un ammaestramento: la parola che è il bacio dell'anima a Dio, l'invocazione suprema di amore al Creatore della vita. Gesù muore e insegna

---

[18] L'unione, nell'unica Persona del Figlio, della natura divina con la natura umana.

agli uomini muti la dignità e la nobiltà del saper morire; insegna agli uomini follemente affaccendati che all'estremo della vita deve cadere ogni preoccupazione terrena, per lasciar posto solo all'incontro della nostra anima con Dio.

Ormai il riscatto è avvenuto, gli uomini per adozione sono tornati nuovamente ad essere figli di Dio, e Gesù può benissimo chiamare Colui che lo ha inviato sulla terra, anche a nome di tutta l'umanità: "Padre". Egli così lo aveva chiamato nella sua prima invocazione: "Padre, perdona loro" [cfr. *Lc* 23,34; ndr], ma non è compiuta ancora la redenzione e Dio è Padre, sì, ma Padre solo di Gesù e infatti l'agonizzante lo invoca direttamente, in suo nome. Ora, invece, in queste parole, che sono le ultime, e vengono innalzate nel momento in cui la giustizia è saldata, Gesù grida: "Padre" e accomuna a sé tutto il genere umano redento.

Egli avrebbe potuto dire giustamente: "Ho terminato la mia missione, non ho più nulla da fare sulla terra; torno a te perché questo è il mio posto fin dall'eternità; perché tu e io siamo una medesima cosa…" [cfr. *Gv* 10,30; ndr], ma Gesù, dal quale tutto dobbiamo imparare, ha semplicemente ed umilmente detto: "*nelle tue mani raccomando lo spirito mio*", quasi come se avesse bisogno dell'aiuto di Dio.

Nonostante questo esempio, quanti di noi, sul letto di morte comprimono tali parole. Fa', o Signore, che chi ci assiste nell'attimo in cui stiamo per raccogliere il frutto del sangue tuo e i benefici della tua redenzione, non sia mosso da falsa pietà che ha premura più del corpo che dell'anima e, per stupida convenienza, svii il pensiero della morte imminente. No, aiutati dal sacerdote, consci del passo che stiamo per fare, anche noi vogliamo la gioia di ripetere con te e come te: "Padre, nelle tue mani affidiamo il nostro spirito".

Nessuna menzogna al nostro letto di moribondi, la morte non deve giungere inaspettata, la nostra dignità umana non deve essere calpestata. Noi sole, creature ragionevoli, possiamo avere conoscenza e maestà, in questo passo. Noi possiamo e dobbiamo contemplare il cielo e con esso il Padre presso il quale torniamo. Appena nati, le braccia della mamma ci hanno accolti; appena morti, siano le braccia della Madre celeste a stringerci al suo cuore. Anche se avremo i capelli bianchi e sentiremo svanire la robustezza fisica, saremo pur sempre capaci di realizzare il consiglio evangelico che ci incita a divenire fanciulli e come tali aneleremo di trovarci presto fra le braccia del Padre celeste.

Gesù muore, e poiché la morte è il bacio di Dio, egli è prossimo a questo momento solenne. Il sole si nasconde, la terra viene avvolta da una oscurità piena di mistero e sussulta di spaventoso terremoto. Gesù muore, e il respiro diviene affannoso, lo sguardo immobile, gli occhi vitrei, il suo corpo soffuso di pallore, le labbra livide: tacete tutti e ascoltate... Gesù muore: emette un grido altissimo, il filo della sua vita è spezzato... *Gesù è morto: "Emissa voce magna expiravit"*, *"Emesso un alto grido, spirò"* [cfr. *Mt* 27,50; ndr].

La natura piange il Redentore, ma intanto i sepolcri si aprono, i morti risuscitano, il velo che nasconde il Santo dei Santi si squarcia. Ai piedi della croce rimane immobile e muta la Madre addolorata, immagine viva di desolazione, statua di strazio e di dolore che spezza il cuore.

Ci hai lasciato, Gesù, e noi piangiamo sulla tua morte. Le tue labbra umane non si apriranno più per pronunciare parole di vita eterna, il tuo sguardo non ci affascinerà più, la tua mano non si solleverà più per benedire e risanare, le tue carezze non sfioreranno più i riccioli biondi dei piccoli bambini. Il tuo corpo è irrigidito dalla morte, e a noi rimane solo la possibilità di accostarci alla tua croce, di accogliere fra le braccia la tua salma, di baciarla, di stringerla al cuore e… chinare il capo stanco dalle troppe malizie e delusioni della vita, sul tuo corpo freddo. Ci hai amato fino alla fine e ora noi, prostrati, ti promettiamo: *"mediteremo sulla tua redenzione e non porremo in oblio le tue parole"*.

I sette doni dello Spirito Santo

Tra gli scritti ascetici di Maria Teresa Carloni, compilati negli anni 1955-1957, si trova questo interessante testo che dal 1963 al 1975, con altri dattiloscritti, fu letto e conservato dal card. Franjo Šeper: successore del card. Stepinac a Zagabria, poi prefetto della congregazione per la dottrina della fede. Egli poi restituì i vari testi a mons. Cristoforo Campana. Di queste pagine colpisce lo stile discorsivo dell'esposizione, come di pacato scambio di idee offerte a un ascoltatore disponibile al saggio confronto.

Dono: Sapienza

Innanzi a noi sfilano tutte le cose create e su esse sostiamo, perché toccano e richiamano l'attenzione dei nostri sensi. La bellezza incanta, la deformità degli esseri fa inorridire, la normalità rende indifferenti, l'amore eccita, l'odio allontana. Ogni cosa creata genera un sentimento diverso nei nostri cuori e, molto spesso, la medesima cosa fa palpitare i sensi degli uomini con moti diversi e a volte opposti fra loro. Eppure, l'oggetto che si presenta innanzi agli occhi della folla è sempre il medesimo, sempre lo stesso; e come mai a chi sembra bello, a chi sembra brutto? Chi lo desidera, chi lo disprezza? È strano come i gusti degli uomini siano così disparati. Ma forse se si penetra nel mistero della mente umana si comprende che tale disparità è dovuta a una falsa interpretazione del vero, a un attaccamento su ciò che non esiste: il gusto.

Ciò che è, è; ed è per tutti allo stesso modo; e dal momento che la cosa creata in se stessa non muta, ma bensì mutano i pareri, bisogna concludere che è il gusto degli uomini che non è realtà: è solo creazione personale umana e, quindi, illusione, gioco di bimbi presuntuosi che credono di aver creato chissà che cosa, che pretendono che tutti acconsentano, ma che in realtà ciò che hanno fatto piace solo a loro. E discutono questi uomini, a volte si inquietano fra loro fino a far sorgere risse: e per che cosa poi? Per il gusto, per ciò che non è, per ciò che, ancor peggio, ma vero, non sa neppure mantenere il suo non essere, perché spesso cambia parere. La cosa creata che rimane al di fuori, sempre uguale, senza arrossire né di ambizione, né di vergogna per il parere degli uomini, nella sua immutabilità, nonostante i gusti diversi, sembra sorridere e schernirsi dei suoi commentatori.

L'uomo, re del creato, è il solo che muta, è l'unica creatura che per colpa propria è ciò che non è, e lo sa, ma, nonostante questo disprezzo, le cose le giudica, le ama e poi le allontana secondo il suo capriccio. Ciò che era bello ieri, non è più bello oggi; ciò che era gustoso ieri, oggi è disprezzabile; ciò che sembrava eterno ieri al cuore, oggi è morto. Anche la più sublime creazione di Dio: l'amore, ieri sembrava palpitare e tutto promettere, oggi tace. Il gusto degli uomini! È fatto così! E sui gusti (dice un proverbio), non si discute. Già, non si discute! Infatti non vale la pena discutere con ciò che non esiste, che è solo illusione, esplosione vana di sentimenti, pura intossicazione emotiva. Come sempre, non vale discutere con chi non ragiona e, chi ha più giudizio (dice un altro proverbio), lo adoperi. In questo caso, chi ha più giudizio, sono le cose, le quali rimangono immobili, immutabili, mute e nel loro silenzio giudicano l'uomo, il suo giudizio che passa, che si rinnova e muta senza neppure sfiorarle.

Tale imperfezione nell'uomo è sua colpa, dovuta alla superbia, alla ribellione, al disprezzo verso il Creatore. La creatura privilegiata dall'intelligenza ha subito volto questo dono come arma di difesa contro Dio, ma non si è resa conto che l'intelligenza è nel numero delle cose create, che rimangono quelle che sono, creazione del Creatore, fedele ad esse, e che scagliata contro Dio si è volta in danno di chi ne ha usato male. Gusto anche questo ma, viste le conseguenze, non è il caso di discutere.

Nonostante tutto, il Creatore, pietoso dell'uomo superbo e tanto misero da non sapere usare neppure la sua intelligenza, manda dal cielo un rinforzo che l'intelligenza stessa afferma, desidera, vuole trattenere e chiama in aiuto la mente e il cuore dell'uomo: è il dono della *Sapienza*. Essa si affanna, immobile come le cose create ma potente perché eterna, perché spirazione dello Spirito Santo, pretende i suoi diritti e tutto ciò non per suo interesse, perché nulla essa attende essendo Sapienza dell'Infinito, ma per il bene delle creature. Essa dice che le cose create alla luce del Creatore devono rimanere alla stessa luce e ivi essere contemplate dagli uomini. Allora queste rifulgono quali sono, con le loro caratteristiche di perfezione, con il loro mezzo di santità, con il loro fardello di purificazione, di elevazione, di amore.

Tutte le cose create sono belle, sono buone, sono sante, sono potenti, sono perfette perché chi le ha foggiate è bellezza, bontà, santità, potenza, perfezione. Ogni piccolo essere, anche quello ultramicroscopico, alla luce della Sapienza è grande quanto l'Infinito e l'uomo che non disprezza questo dono del Paraclito, può ammirarlo sapientemente e amarlo di un amore che non offende, anzi, loda il Creatore.

Il gusto allora non è più gusto, è sapiente visione di Sapienza comune a tutti gli uomini, immutabile, perché vera comprensione delle cose, vera manifestazione esterna dell'intelligenza umana.

E questo piccolo uomo, minimo di fronte all'intero creato, capace al lume della Sapienza di guardare e giudicare con la Sapienza del Creatore, rioccupa il suo trono di re del creato, nella pace, nella certezza, nella verità, nel gaudio di un benessere, che si trova solo ove è perfezione e giustizia. La lotta tra il gusto e la Sapienza, tra il non essere e l'Essere che l'uomo sempre fomenta, avrebbe fine e tornerebbe nel creato l'armonia delle cose e l'armonia dell'amore. Tornerebbe l'ordine: ogni cosa al suo posto, e un posto per ogni cosa.

Dono: Intelletto

Alla creatura privilegiata è concesso dallo Spirito Santo un altro dono: l'*Intelletto*. Senza di esso le cose dello spirito e i misteri divini non sono per nulla conosciuti. Esse ed essi si pongono innanzi al nostro cammino: noi guardiamo, ma, come estranei, lasciamo che passino. Le cose dello spirito non ci attraggono: contrastano troppo con i nostri sentimenti, pretendono troppe rinunce, mentre sappiamo che la vita è breve e bisogna goderla nel modo più affrettato possibile. Guardiamo coloro che seguono queste cose, per un attimo ci soffermiamo ammirati e poi … riprendiamo il cammino con una scrollatina di spalle. La nostra ammirazione si muta in un silenzioso sarcasmo.

Non comprendiamo ciò che passa nell'animo del nostro fratello che vive nella contemplazione delle cose dello spirito, non ci rendiamo conto del perché abbia abbandonato la linea che con noi fino a poco tempo prima teneva, e lo consideriamo un indebolito, un illuso, uno stanco della vita, e molto spesso anche un maniaco, un tormentato. Viceversa, mentre noi ci tormentiamo per comprendere lui, quasi fosse nostro dovere il farlo, egli, il fratello, continua sereno per la nuova strada intrapresa e sorride alla nostra agitazione perfettamente inutile.

La comprensione dei misteri, più che le cose dello spirito, ci interessano ancor meno. Non basta forse conoscere i dogmi principali e ad essi credere? Rimangono vuoti? Incomprensibili? Che importa! Essi non toccano l'interesse materiale, non hanno nulla a che fare con l'andamento della vita e allora, per accontentare la nostra superficiale coscienza e per evitare importune discussioni, possiamo dire di crederci. Lo diciamo per tanti anni e questa credenza, almeno così ci illudiamo, diviene fede che può salvarci.

Ma siamo ben lontani dalla fede vera, siamo ancor più lontani dalla fede vissuta. Un passo avanti ed ecco il credente medio, il credente cioè che è pronto a difendere il valore delle cose spirituali e dei misteri divini; ma li difende così a fior di labbra, perché diversamente sente la coscienza rimordergli, li difende e sembra un eroe, ma se gli oppositori chiedono una prova che convalidi la sua tesi, esso ammutolisce: crede, crede così perché così è stato insegnato, perché così deve pensare un buon cristiano. Schiavitù perfetta, schiavitù terribile perché schiavitù dello spirito e del pensiero. Non è neppure questo il cristianesimo, esso è libertà piena e completa. Non basta credere, non basta sottomettersi: l'uomo ha un'intelligenza che deve sapere cosa *crede* e perché si *sottomette*; dopo averlo saputo deve *accettare* in piena coscienza e libertà. Se l'apparenza affascina ed inganna gli uomini, non avviene altrettanto nei riguardi di Dio che scruta il pensiero e i cuori.

L'uomo ha un'intelligenza abbastanza vasta anche se limitata, capace di ricevere e giudicare impressioni che gli vengono dalle cose create, ma anche dal mondo soprannaturale; capace cioè di ricevere una spirazione del Paraclito che accorre verso gli uomini di buona volontà con il grande dono dell'Intelletto. Ecco allora che la creatura non abulica, non tradizionale nella credenza delle cose divine, ma mossa solo da una fede semplice, genuina, spontanea, riceve un'illuminazione soprannaturale e ad essa il valore delle cose dello spirito e dei misteri divini non sono più oggetto di fede impalpabile, ma di esperienza vissuta, perché veduta.

Il suo cuore si trasforma e segue altri affetti; già sapiente, le cose materiali non lo attirano più, ma innanzi a lei [*la creatura*; ndr] si aprono altri orizzonti: oltre che dare a quelle il posto che meritano, ora sa l'alto valore delle cose spirituali, le assapora, le gusta, le palpa ad una ad una e da esse vede che esce un nettare celeste. In questo cibo si pasce e si sazia. Gustando le cose dello spirito, si distacca, a mano a mano, da quelle della materia, e nella sua ascesi penetra quasi ad insaputa nei misteri più profondi, quali quelli dell'Incarnazione, della Redenzione, dell'eucaristia. Si sofferma prima sul Verbo umanato, palpita e soffre della sofferenza di Lui, poi la medesima sofferenza profonda quanto l'infinità del Verbo trabocca, e dal calice fuoriesce il nettare della sofferenza. La creatura piena di intelletto entra così in un paradosso inconcepibile alle menti abuliche, nel paradosso cioè di trovare gioia non solo nei propri dolori, ma persino in quelli del crocifisso: è la comprensione questa del mistero della Redenzione.

Ma non si ferma a questa seconda tappa. Il dono dell'Intelletto prosegue nella sua ascesi e trasporta l'anima fedele nel pieno della eterna virtù: la carità; ed ecco che i veli del Santo dei Santi si squarciano e l'eucaristia, eterno mistero di un atto d'amore, la inchioda e l'abbaglia. Il Signore Dio e Uomo è lì: l'anima non solo lo vede attraverso l'occhio dell'Intelletto, ma lo sente anche con una percezione che si può chiamare fisica. Accanto al Tabernacolo percepisce la presenza della divinità nascosta, e anche se gli occhi del corpo si chiudessero per sempre, essa potrebbe dire con certezza: qui c'è il Signore sacramentato, qua non c'è. Lo sente anche quando del suo corpo si ciba: esso le è di nutrimento all'anima, ma anche di sostegno materiale, la particola stessa perde il sapore di grano per assumere quello dolce e gradevole di carne fresca e palpitante[1].

Dio è con l'anima che accetta il dono dell'Intelletto e, grazie ad esso, questa può dire: *"Non son più io che vivo, ma è Cristo che vive in me"* [cfr. *Gal* 2,20; ndr].

---

[1] Questa parte di pensieri va certamente considerata autobiografica nell'esperienza mistica di Maria Teresa Carloni, che sapeva distinguere le ostie consacrate da quelle non consacrate, come appurò personalmente durante l'udienza privata del 13 giugno 1955 in Vaticano lo stesso Pio XII. Nei Giardini Vaticani il Papa le presentò sulla mano quattro ostie e l'invitò a indicare quelle consacrate. Con gesto rapido Maria Teresa gettò a terra le ostie non consacrate, che Pio XII aveva sul retro segnato a matita. Dalle altre, su richiesta di un segno espressa dal Papa, sgorgò una goccia di sangue. Le due ostie non consacrate, segnate a matita dal Papa, sono tuttora conservate nell'Archivio Carloni al museo storico permanente del santuario di Jasna Góra, in Polonia.

Dono: Consiglio

Grazie alla Sapienza, noi vediamo le cose create dal loro punto reale e le poniamo nel posto che devono occupare, dando ad esse quella considerazione che meritano; il dono dell'Intelletto (abbiamo visto poi), ci permette di conoscere le cose dello spirito e di penetrare nei misteri divini; ma ciò non basta ancora al cristiano. Se esso si limita a non falsificare il valore di ciò che è creato, adagiandosi immoto nella coscienza delle cose dello spirito e dei misteri, svolge la sua vita in una indolenza statica che annienta e priva di ogni ragione questi due doni: Sapienza e Intelletto. Lo Spirito Santo non intende fare degli uomini anime passive, che vivano, fin da questa terra, un godimento semplicemente naturale; no, ciò è troppo poco alla possibilità dell'uomo e ancor meno al desiderio del Creatore, che ha voluto foggiare queste creature a sua immagine e somiglianza.

Consideriamo ancora il figlio di Dio per adozione, alla luce dei soli primi due doni dello Spirito Santo: vive nell'armonia delle cose e dell'amore, entrambi non gli sono più [*realtà*; ndr] nemiche e tutte concorrono alla felicità e all'ordine universale. La creatura privilegiata, ancora, si bea e si gloria delle cose dello spirito, si pasce della conoscenza dei misteri, ma tutto sosterebbe a questo punto se non intervenisse il terzo dono. Le cose create non sono poste innanzi all'uomo, l'una accanto all'altra come avviene in una bella mostra. Porre le cose nell'armonia dovuta è molto esatto, ma tutto ciò che è stato creato non solo ha lo scopo di accontentare l'occhio e la mente dell'uomo, ma tutto se stesso, ogni sua facoltà; in altre parole, le cose devono servire il re dell'universo per il raggiungimento del suo unico fine.

Altrettanto è per quelle dello spirito e i misteri divini. Conoscere e amare le une e gli altri non sono gli unici doveri dell'uomo: Dio ha posto innanzi a lui queste cose dello spirito, affinché egli, oltre che conoscerle e amarle, se ne serva a pro dello spirito stesso, in favore del quale esse concorrono; e così per i misteri: la conoscenza di questi pretende l'attività dell'uomo tendente ad assorbirli, a farli suoi, a viverli, non in una inattività sia pure gioiosa, ma al contrario, in una attività prolifica di frutti e di opere miranti al progresso individuale e sociale, materiale e spirituale. Il mistero dell'Incarnazione, per esempio, non offre alla creatura soltanto la realtà del Verbo umanato estraneo alla vita dell'uomo, né offre all'uomo la possibilità di partecipare alla sua sofferenza solo per una ragione di coeredità.

Il Dio incarnato, oltre che fare dell'uomo un altro se stesso nella sofferenza, pretende giustamente che la medesima sofferenza, oltre ad essere accettata, sia pure offerta, cioè divenga attiva e partecipi ai meriti stessi del Verbo. Il mistero della Redenzione non è un narcotico contro la sofferenza dell'Incarnazione. Infatti, la gioia che esso procura nella sofferenza personale e in quella del crocifisso, non ha lo scopo di rendere più leggera ogni pena, di fare amare la pena per se stessa, di fare accostare con meno trepidazione le anime presso la croce; ciò sarebbe solo il risultato di un egoismo personale, di un benessere individuale.

Il suo compito è molto più alto, è molto più vasto, lo dice il mistero stesso: è quello della Redenzione. Il fermarsi quindi a questa gioia per solo assaporarla, significa fossilizzarsi in essa. Il mistero dell'eucaristia infine, non è un atto d'amore isolato, ove ogni anima corre per trovare le proprie consolazioni. È un esempio di amore per ciascun uomo, è la carità che deve affratellare tutti sia nei momenti di dolore come in quelli di sconforto; è l'amico prototipo che tende le braccia all'intero prossimo e a ciascuno dei suoi membri.

Questo il cristiano lo sa e comprende benissimo che, se usa i primi doni solo per un appagamento di benessere egoistico, non solo non assolve il suo compito, ma tutto ben presto si svolgerà in propria condanna, lungo il sentiero dell'aridità e della perdita di ogni conoscenza. Ecco allora che l'anima veramente fedele e amante abbraccia con riconoscenza il terzo dono: il *Consiglio* e ne usa con larghezza e giustizia. Considera le cose create, quelle dello spirito, i misteri, e vede in essi i grandi amici che offrono mezzi di santificazione. Da ciascuno di questi prende ciò che gli abbisogna; irrobustisce il suo corpo perché la carne sia pronta ad ogni eventuale lotta, tempra l'anima dirigendola verso imprese ardite, spezza i legami dello spirito affinché in perfetta libertà segua colui di cui si è fatto a immagine e somiglianza.

Eccolo allora unito alle cose create, per cantare con esse la gloria al Creatore; eccolo curvo su queste, per dare onore alle medesime, perché giusto onore ricevono quando i germi di potenza che portano in loro per la santificazione dell'uomo vengono, da questa creatura, usati per il fine prefisso. Eccolo un tutt'uno con le cose dello spirito e al lume delle fiaccole che esse portano, è guida, sostegno e incoraggiamento al proprio fratello.

L'Incarnazione (grazie al dono del Consiglio) viene ad essere rinascita di amore e di carità; la Redenzione attuazione immediata e infinita del medesimo amore e della medesima carità; l'eucaristia infine, dimostrazione pratica sempre dello stesso amore e della stessa carità che in un unico amplesso stringe per l'eternità tutto il creato e tutto l'increato. Dalla terra sale un inno verso il cielo: *"Gloria a Dio"*, esso ivi si unisce al coro degli angeli e dei santi e in terra ritorna come un'eco: *"Pace agli uomini di buona volontà"* [cfr. *Lc* 2,14; ndr].

Dono: Fortezza

Contro gli uomini da parte di satana, si pongono infiniti ostacoli che cercano di bloccare il cammino verso la santificazione. All'eterno orgoglioso e ribelle, scotta troppo l'aiuto che lo Spirito Santo offre alle creature e, sempre affamato di anime, quale lupa famelica, penetra in ciascuna di esse con la bramosia di trovarvi un nido ove adagiarsi. I doni soprannaturali di cui abbiamo parlato: Sapienza, Intelletto, Consiglio si trovano in pericolo, ovunque scorgono un tranello, ovunque essi si estendano c'è un agguato. Molto spesso esso è così sottile, che prende le apparenze degli stessi doni ed offre agli uomini vacillanti una falsa sapienza, un errato intelletto, un subdolo consiglio. Se l'anima non è pronta alla lotta, s'immerge in questa via di errori e, quando se ne accorge, è troppo tardi.

Allora si demoralizza, vede l'inganno ove anche non è, dubita di se stessa e di ciò che è esterno a lei, vacilla nella fede, perde la speranza, acida diviene la sua carità; e tutto ciò che prima le offriva pace e gaudio, ora si trasforma in fonte di amarezza e disillusione. La Sapienza diviene causa di tormento, l'Intelletto un labirinto spaventoso, il Consiglio una specie di disperazione. È questo l'intento di satana: quando l'uomo è tormentato, impaurito, disperato, diviene sua facile preda. Non ode più il richiamo dall'alto e se anche lo percepisce chiude le orecchie, perché tutto è causa di maggiore disperazione. Tale stato lo conduce ben presto in una mania di persecuzione nella quale finisce (cosa orribile) col vedere in Iddio il massimo persecutore.

Ma l'onniscienza divina non si fa abbattere, l'amore divino non permette che la creatura fedele sia così travolta, a meno che essa stessa lo voglia. Lascia sì che sia tentata, e ciò per il suo bene, ma quando questa risponde con fede, con speranza e con carità, quando con le medesime virtù anelante si rivolge al suo Creatore, esso scende su di lei e con lei combatte una lotta che conosce solo la vittoria. La grazia con cui ricopre l'uomo quale inespugnabile armatura è soprannaturale, si chiama *Fortezza*, altro dono dello Spirito Santo. Tale Fortezza scende nello spirito dell'uomo, ivi pone la sua dimora e ad ogni assalto del nemico impugna in favore della creatura la sua arma di difesa. Mentre lo spirito viene così difeso, la Sapienza, l'Intelletto, il Consiglio sostengono l'anima e la rendono partecipe alla vittoria.

La creatura non teme; si accorge che forze soprannaturali combattono con lei e per lei, vede contemporaneamente che quelle del nemico sono solo naturali e soltanto all'apparenza mostruose. Fanno paura al primo sguardo, ma grazie al dono della Fortezza divengono accostabili, e allora più da vicino si scorge che in realtà sono fesse e frangibili al primo urto. L'uomo allora, che per natura quando si rende conto degli eventi sa affrontarli, non lascia il campo, ma si getta contro il nemico e lo annienta a costo della vita.

Qui in più, il dono della Fortezza, oltre a renderlo invincibile lo fa pure eterno e mai la sua vita gli viene a mancare. Egli lo sa, se ne rende conto e nessun sacrificio, nessun martirio lo fa più tremare. Non si interessa neppure della durata della lotta, sa che la Fortezza non lo abbandonerà mai, durasse anche anni il terribile duello fra il bene e il male. Sa che combatte una battaglia santa, il cui trionfo è solo dalla parte del vero; sa che la sua vita non appartiene a questo mondo, ma anzi esso è solo campo di battaglia per la conquista della stessa vita, ed egli dimentica lo spirito di conservazione umana, per aggrapparsi a quello che solo è vero ed eterno, e se anche la carne cede, non se ne preoccupa. Solo così potrà raggiungere la vita alla quale aspira sia naturalmente che spiritualmente.

La Fortezza non solo gli offre la forza di resistenza necessaria minuto per minuto, non solo gli dona un coraggio indomito, ma lo fa perseverare fino alla fine aumentando in lui la fede, la speranza, la carità, che tutto può e tutto conquista. Qui, proprio in questo dono la creatura si scorge figlia di Dio, coerede di Cristo, trionfatrice della morte e del peccato. Accettando con umiltà questo dono di Fortezza, ella, per grazia soprannaturale, diviene invincibile, onnipotente e satana, pur digrignando i denti, è costretto a retrocedere. Lui, il principe una volta invitto, è ora costretto scornato da una delle più umili creature, mentre essa nella coscienza della Fortezza che la sostiene, può gettargli in faccia il guanto di sfida. Né le tribolazioni, né le prove, né le miserie, né le malattie, né il carcere, né i martirii e neppure la stessa morte potranno vincermi: quando Dio è con me, chi oserà essere contro di me? [cfr. *Rm* 8,35.39; ndr].

Dono: Scienza

I precedenti quattro doni: Sapienza, Intelletto, Consiglio, Fortezza, ci svelano la realtà delle cose create e increate, il loro valore, il modo di usarne, la perseveranza nelle avversità; ma in tutte ci sarebbe ancora qualche lacuna da parte dell'uomo, se il quinto soccorso del Paraclito non giungesse a proposito.

Infatti, la creatura si trova ancora in un mondo che non è completamente suo, si rende conto della Sapienza infusa, di un Intelletto superiore alle sue forze, di un Consiglio che le viene dall'esterno, di una Fortezza che è in lei ma non è sua, e docile si muove nella cerchia di questo campo che però (come abbiamo detto) le è ancora estraneo perché soprannaturale. Ciò contrasta con la intelligenza e libertà che Dio ha dato all'uomo, il quale deve sempre far perno sul soccorso divino, ma deve anche, per essere attivo ed esercitare ogni sua possibilità, rendersi conto di quanto avviene intorno a lui e in lui. Per questo, il Signore, che nulla lascia incompleto, offre ai suoi fedeli un nuovo dono: la *Scienza*. Con questa, ogni problema si appiana, non nel senso che il soprannaturale diviene naturale, ciò significherebbe spostare il campo posto da Dio a ciascuna cosa, ma bensì è l'uomo, aiutato da una grazia specialissima, che riesce a penetrare in parte nel soprannaturale e avere scienza di quella Sapienza già infusa in lui.

Il continuo esercizio del primo dono, durante il quale né l'intelligenza né la mente sono rimaste estranee, fa sì che l'una e l'altra acquistino quella elasticità di idea e di pensiero, atta a superare la grettezza della mentalità comune umana, e a vivere una vita superiore, in un primo tempo piena di meraviglie, poi comune. Cioè, l'uomo forma un abito che per lui diviene normalità, e la vita del soprannaturale è la sua vita; farlo ridiscendere a quella mediocre della maggior parte delle creature significa riportarlo in un mondo che non è più suo in un genere di vita normale per lui.

Questa nuova posizione può apparire straordinaria solo a chi non vive la vita dello spirito, a chi è completamente nell'ignoranza del Vangelo e dei suoi consigli, specialmente di quello che raccomanda di essere perfetti come il Padre che è nei cieli [cfr. *Mt* 5,48; ndr]. Se ciò fosse una vocazione straordinaria, Gesù non avrebbe detto questo a tutti gli uomini, ma solo agli apostoli e nel segreto delle loro coscienze; se ciò fosse una chiamata straordinaria limitantesi a poche ed elette creature, il Paraclito con tutti i suoi doni non scenderebbe su ogni essere che viene battezzato e confermato. Viceversa, ogni anima riceve questi doni, quindi è normale per ogni anima trasformarli in capisaldi della sua vita e delle sue azioni; l'agire contrariamente è atto di rivolta e di disprezzo contro chi opera per il nostro bene.

Il dono della Scienza, in parole molto povere e forse troppo umane, potrebbe paragonarsi alla pratica di cui la teoria sarebbe la Sapienza. La Scienza, infatti, ci offre una cognizione non astratta, non impalpabile, non indiscutibile sul valore delle cose; con essa noi possiamo gettarci nel cimento di un apostolato in favore dei nostri fratelli, possiamo affrontare problemi anche ardui, discutere con gli oppositori, portare prove su prove che confermano, validamente, quanto la Sapienza ci insegna[2].

La Scienza, ancora, è un aiuto alla perseveranza che la Fortezza ci offre, perché ci rende simili a quegli eroi che si gettano nel campo di battaglia con tanto ardore, non perché spinti da un solo moto di entusiasmo, sia pure capace di durare fino all'estremo della vita, ma perché consci di quello che fanno e del valore che il loro atto avrà per la patria e per coloro che rimangono.

È la Scienza, una prova inconfutabile del dono dell'Intelletto, perché attraverso di essa i misteri anche più astrusi non solo sono illuminati, ma compresi in modo abbastanza chiaro e persuasivo. È proprio il dono della Scienza che permette agli asceti e ai mistici di scrivere in modo comprensivo quanto la Sapienza detta, l'Intelletto illumina, il Consiglio guida, la Fortezza incoraggia. Se essi mancassero di questo dono, tutto ciò che è bello, buono e santo rimarrebbe per loro, perché non vi sarebbe un anello di congiunzione fra il soprannaturale e il naturale. Gli asceti e i mistici vivrebbero nel primo mondo, gli uomini comuni nel secondo, ognuno parlerebbe

---

[2] In modo semplice ed interessante, l'autrice spiega che il dono della Scienza è come se fornisse "tridimensionalità" profonda e dinamica alla conoscenza fornita dal dono della Sapienza nell'ambito del discernimento delle cose di Dio.

il suo linguaggio e non vi sarebbe comprensione, perché fra l'uno e l'altro vi è un baratro. La Scienza è proprio il ponte d'unione. I viventi la vita soprannaturale, pur rimanendo in essa, possono spingerci (grazie al dono della Scienza) fino ai confini del naturale e le creature comuni (grazie alla loro intelligenza e volontà) sino alle medesime frontiere e ivi i fratelli possono stendere il braccio e darsi la mano.

In più, la Scienza ha anche un valore sociale e individuale, pratico. Essa, oltre a stimare e far stimare le cose soprannaturali, secondo il loro valore vero, ci indica come valerci di quelle temporali che hanno in potenza la possibilità di condurre l'uomo alle cose eterne.

Attraverso la natura, i figli di Dio giungono al Creatore e questa è una ascesa che essi devono fare, se un giorno, nell'eternità, aspirano ad aiutare la natura attraverso il Creatore; se, in altre parole, vogliono far parte della Comunione dei santi. La Scienza ora ad essi dice che ogni cosa creata, anche se in apparenza insignificante, loda le glorie del Creatore e insegna alle creature come farlo. La Scienza, perno fra esperienza e Sapienza, spinge l'uomo a curvare su tutto ciò che è creato, a comprendere con conoscenza, a spiegare con Sapienza, a volgere ogni attimo e ogni atto della vita in tanti pioli di una scala che giunge in cielo.

È la Sapienza che ci fa amare il Verbo, ma è la Scienza che ci fa imitarlo; è la Sapienza che ci fa prostrare innanzi a Dio, ma è la Scienza che ci rende facili in tale sottomissione; è la Sapienza che ci fa docili allo Spirito Santo, ma è la Scienza che ci fa comprendere l'indispensabilità di tanto Paraclito. Egli emette il suo spirito e ricrea a nuova vita, mentre la faccia della terra viene rinnovata.

Dono: Pietà

Le anime fedeli che hanno accolto nel loro cuore i doni dello Spirito Santo, della Sapienza e della Scienza, sono ormai ricche di cognizioni più che sufficienti per vivere in comprensione completa la vita dello spirito. Ma Gesù, che non ha parlato per ricerca di gloria personale, che non è morto per lui, che non è risuscitato per essere il trionfatore della sua morte, ci insegna che conoscere la via dello spirito e spiritualmente viverla non basta al cristiano, né questo solo egli richiede. Il Verbo umanato è sceso sulla terra per fare dell'apostolato in favore di tutti i fratelli secondogeniti, è salito sulla croce per la remissione di ogni peccato, è risuscitato per dare testimonianza della avvenuta universale Redenzione. Quindi è chiaro che ogni suo seguace, rinforzato dai doni suddetti dello Spirito Santo, eserciti, nella pratica di tutti i giorni, quelle opere di misericordia che egli stesso ha suggerito. Sono opere di misericordia corporali e spirituali, ma tutte necessitano di un atto esterno dettato dalla mente, giudicato dall'intelligenza, compiuto dalla volontà.

Però, affinché esse non assumano un carattere egoistico e, quindi, dannoso a chi le pratica, necessitano di un particolare dono del Paraclito: la *Pietà*, quel sentimento profondo e vissuto di amore verso Dio nella persona del prossimo. Passando in rassegna le necessità dei nostri fratelli, e curvandoci pietosamente su queste, noi leggiamo e scriviamo in caratteri d'oro la più bella vita del nostro Redentore: dalla sua Passione alla morte. Gli affamati sono l'immagine di Gesù nel deserto che vive di preghiere e di digiuno; gli assetati l'arsura del medesimo per le lunghe peregrinazioni sotto l'infuocato sole palestinese, dopo il terrificante sudore di sangue nell'orto degli ulivi, durante la spasmodica agonia sulla croce; gli ignudi, l'umiliazione di Gesù spogliato delle sue vesti ed esposto nudo al ludibrio delle genti; i pellegrini, i lunghi apostolici viaggi del Nazareno e la sua salita al Calvario; gli infermi, la sua Passione coronata di spine e piagata di ferite contuse e lacerate; i carcerati, Gesù inchiodato sulla croce; i morti, il Creatore della vita steso nel sepolcro.

Ma ancor più il dono della Pietà offre alle opere di misericordia un luminosissimo quadro spirituale che nelle sofferenze del prossimo, alleviate dalla carità fraterna, mostra l'amore immenso che il cuore umano nutre per il suo Dio Redentore e consola il cuore trafitto dalla spada di Longino[3]. Il pietoso vede

---

[3] È il nome attribuito dalla tradizione cristiana al soldato romano che nel Vangelo, vedendo che Gesù era già morto, non gli spezzò le gambe, ma gli trafisse il costato: cfr. *Gv* 19,33-34.

nell'affamato, la brama insaziabile di Gesù per le anime, culminante nel mistero dell'eucaristia; nell'assetato, il desiderio di amore ardente del medesimo per la loro salvezza; nell'ignudo, la grande amica di Gesù: la povertà assoluta; nel pellegrino, la ricerca affannosa del pastore per il ritrovamento della pecorella smarrita; nell'infermo, ogni sofferenza spirituale del Verbo umanato; nel carcerato, un peccatore che cerca di intravvedere un raggio della redenzione; nel morto, la predestinazione dell'oltretomba in attesa della Risurrezione.

Tutto ciò è frutto della Pietà, frutto di questo grande dono che spinge l'uomo a non limitarsi al soccorso materiale in favore del fratello, ma lo fa penetrare con discernimento anche nel suo spirito e sussurra consiglio ai dubbiosi, offre scienza agli ignoranti, stimola l'intelletto ai peccatori, suggerisce fortezza agli afflitti, con sapienza perdona le offese ricevute, con pietà sopporta le persone moleste, spinge al timore santo di Dio e lo fa pregare per i vivi e per i morti.

È questo dono dello Spirito Santo, l'attuazione pratica della carità più perfetta, di quella virtù che oltrepassa i limiti del creato per vivere eternamente ed essere eternità. È anche amore alle pratiche religiose; nel rispetto alla libertà propria e altrui esso spinge la creatura a lodare Iddio con tutte le proprie forze e nel modo che il Signore stesso desidera. Non solo pratica alla perfezione ogni comandamento, ogni consiglio, ogni precetto della Chiesa nel nascondimento del suo cuore, ma mostra apertamente, senza falso rispetto umano, la sua fede, la sua speranza, la sua carità, non per ricavarne una lode più o meno sincera, ma per essere di esempio, di sprone, e se è necessario di olocausto.

È la Fortezza che sostiene i martiri, ma è la Pietà che li sprona al martirio, e rende fecondo il sangue sparso. È la Pietà che ha fatto discendere l'Uomo Dio sulla terra, che lo ha spinto per le contrade del mondo, che lo ha inchiodato alla croce e fatto risorgere il terzo giorno spalancando le tombe e squarciando i veli del Santo dei Santi, affinché tutti gli uomini potessero, fino alla consumazione dei secoli, vedere e cibarsi del pane degli angeli. È la medesima Pietà che ha suggellato con il *sì* del Calvario il *sì* di Nazaret, ed è sempre la stessa Pietà che pone sulle labbra degli uomini la dolce preghiera filiale e fraterna: *"rimetti a noi i nostri debiti come noi li rimettiamo ai nostri debitori"*.

Dono: Timor di Dio

Questo ultimo dono completa la situazione dell'anima non solo in grazia di Dio, ma in continua ascesa verso la perfezione. Gli uomini non mettono più paura; le cose non sono più estranee né nemiche; gli eventi tutti, mezzi di santificazione. L'amor di Dio che molto spesso è timore servile, acquista libertà e purezza, si trasforma in timore filiale, che è rispetto, adorazione, speranza in colui che ci è Padre amorosissimo.

Tale dono ci prostra innanzi alla divinità somma, con sentimenti di figli liberi e amorosi, preoccupati solo di cantare le glorie di Dio come egli merita. Nella aridità dello spirito, è questo dono che ci conserva e alimenta la carità del Signore; nelle cadute ci rialza con speranza; nell'oscuro mistero della predestinazione, ci offre la fede[4]. Il dolore dei peccati viene anch'esso purificato, perché sgorga dal nostro animo non tanto per la giusta punizione, quanto dal profondo rammarico di avere offeso il Sommo Bene, unico essere amabile ed adorabile.

Il Timore di Dio, è il perno sul quale poggiano tutti gli altri doni, ed è quello, in modo speciale, dal quale scaturiscono i frutti degli stessi doni. San Paolo ce li enumera tutti: la *carità*, punto di partenza di ogni atto e pensiero umano; il *gaudio* di una coscienza tranquilla e serena; la *pace*, dolce silenzio delle passioni assopite; la *pazienza*, che sopporta con serenità ogni traversia della vita; la *longanimità*, che dona la perseveranza al di sopra del tempo; la *mansuetudine*, che tollera con dolcezza ogni ruvidità del prossimo; la *bontà*, che ovunque si spande beneficando; la *benignità*, che ai benefici aggiunge l'affabilità e l'amore; la *fede*, che mantiene onore a ogni parola data; la *castità*, che offre al corpo la purezza genuina; la *continenza*,

---

[4] Per "mistero della predestinazione" la Carloni intende la verità dei Novissimi posta innanzi ad ogni uomo: morte, giudizio, paradiso, inferno.

che assogetta le passioni tutte allo spirito; la *modestia*, che dà alla creatura un perfetto contegno esterno e interno [cfr. *Gal* 5,23; ndr].

Tutte queste sono virtù che lo Spirito Santo ci offre come conseguenza dell'accettazione dei suoi sette doni, e la creatura non ha più ragione di temere il Signore in modo servile. Infatti, chi è così arricchito di così immenso e stupendo tesoro, chi è sostenuto e guidato verso la santificazione allo scopo di divenire coerede del Verbo e perfetto come il Padre che è nei cieli, non può essere considerato schiavo, né deve considerarsi tale. Sarebbe questo grave oltraggio, somma sconoscenza, che offenderebbe la giustizia e l'amore di Dio. La creatura si mantiene sì sottomessa al suo Creatore, ma non perché delle catene la leghino e la privino di agire diversamente. Il Timore di Dio è libertà perché è amore, amore disinteressato, amore per l'Amore.

Così bene inteso questo settimo dono, l'uomo può giustamente dire di avere iniziato, anche se ancora viatore, la sua vita nella beatitudine celeste; infatti, egli sente di non amare più Dio nelle creature, non parte cioè dai suoi simili per giungere a Dio, ma bensì nel Signore ama tutte le creature come domani in cielo esse tutte le vedrà nel sommo Creatore. È la vita dello spirito che ora l'uomo vive, il preludio della beatitudine eterna, della visione beatifica che si completerà in cielo per l'eternità. L'amore, come la preghiera perché la preghiera è amore, è potenza dell'uomo e debolezza di Dio. Per quanto l'anima si presenti misera innanzi al suo Creatore, se può gridare sinceramente: "Ti amo, tu sei il mio Signore, il mio Padre", Iddio vede in essa non più la sua meschinità, ma la figlia che ha fede e spera in lui; e allora la sua onniscienza perde ogni memoria delle debolezze dell'anima presente, per lasciar trionfare l'eterna virtù: la carità.

La previsione di questa debolezza divina ha spinto il Verbo umanato a rendere chiaro il valore dell'anima quando ha suggerito agli uomini: *"Non temete chi può danneggiare il corpo, ma solo chi può uccidervi l'anima… che cosa vale se possederete anche tutte le ricchezze del mondo quando poi venite a perdere l'anima?"* [cfr. *Mt* 10,28; *Lc* 12,18-21; ndr]. Non il passare dei giorni e il susseguirsi delle azioni sono la vita dell'uomo; non è la morte corporale il suo termine; la vita vera, quella per la quale Iddio ha formato l'uomo, non è neppure incominciata: è appena al preludio, ai suoi primi timidi accordi, ed essa, con l'afflosciarsi del corpo non è tolta ma mutata; mutata nella vera ed eterna vita che non conoscerà mai il tramonto dei secoli, ove luminoso per sempre dominerà il settimo dono dello Spirito Santo: il Timore di Dio, la carità.

"Vieni o Spirito Creatore, visita le menti dei tuoi, riempi di grazia superna i cuori che tu creasti".

"Tu che ti chiami Paraclito, sei dono dell'Altissimo Iddio, fonte viva, fuoco, carità, e spirituale dolcezza".

Le otto beatitudini

Il viaggio in Terra Santa di Maria Teresa e del vescovo clandestino "Jesus" terminò con la magnifica spiegazione escatologica data dal "Pastore" alle otto beatitudini del Discorso della montagna. Per tale motivo è stata operata la scelta di concludere anche il ciclo di questi testi inediti della Carloni con la sua meditazione sul noto brano evangelico. Anche questo scritto, di carattere ascetico-spirituale, risale a una decina di anni prima del pellegrinaggio nei Luoghi Santi, ma sigla, unito agli altri qui proposti, una sorta di pellegrinaggio dell'anima dentro gli insegnamenti principali del Signore Gesù.

"Beati i poveri di spirito, perché di questi è il regno dei cieli" (Mt 5,3)

Gesù parla alle turbe che lo circondano, e da lui esse attendono quella parola che è di vita eterna.

Le promesse materiali elargite con tanta facilità dagli uomini in tutti i tempi, moderni e antichi, non incantano coloro che hanno buona volontà. Si è troppo ben visto come queste non siano che un vuoto rumore di labbra, che una vana esplosione di sobillatori di ieri e di oggi, che colpiscono gli sciocchi solo perché fanno chiasso. Ma le teste di legno fanno sempre rumore, tuttavia basta un foglio acceso per bruciarle e incenerirle. Il popolo fin dal tempo di Gesù come ai giorni nostri, nonostante le numerose quanto false sette di uguaglianza, era diviso e lo sarà sempre in ricchi e poveri, in coloro che offrono lavoro e in chi lo ricerca. Sognare un'uguaglianza in questo senso è semplice utopia, favola di bimbi sciocchi, perché sempre ci sarà il truffatore e il semplice, il conservatore e lo sperperatore, l'intelligente e il meno intelligente.

Per trovare l'uguaglianza bisogna salire al di sopra della materia, al di sopra delle concezioni egoistiche, al di sopra di ogni tendenza faziosa; in altre parole, in un regno diverso, in quello dello spirito, ove esiste una sola realtà che non guarda né razza, né posizione sociale, né sesso: è la realtà della fratellanza universale concessaci dalla incarnazione di Dio. Parole, quindi, di vera uguaglianza possono scaturire solo da Colui che tutto ha diviso con i suoi fratelli, persino la sua vita e la sua eredità divina.

Le turbe sapevano questo al tempo di Gesù e ancor meglio dovrebbero saperlo oggi dopo tanti secoli di esperienze funeste, ma al contrario l'uomo d'oggi, più che ieri, vuole dimenticare il grande dono dell'intelligenza e si immerge in un livello che bisogna guardarsi dal chiamare bestiale perché ciò offende proprio gli animali che, dal giorno della creazione, si sono sempre mantenuti nel loro essere stabilito dal creatore.

L'uomo no, invece; e mentre la sua intelligenza vorrebbe condurlo nel piano prestabilito dalla somma bontà, nel piano soprannaturale, esso fa di tutto per degradarsi e tutto trascina, anche lo spirito, nella meschinità della natura. Oggi gli uomini ascoltano l'eterna parola del Verbo e non comprendono più delle turbe di allora: oggi hanno fatto dello spirito immortale un'espressione sarcastica e cinica, un modo di vita fondata su gretta delusione. Completamente stolti, danno alla parola *"poveri di spirito"* il significato di scemo. Ma non hanno del tutto torto: la creatura non vive più lo spirito divino e quindi non lo conosce più; vive un altro spirito: lo spirito dell'uomo degradato, e poiché si vanta di questa degradazione, poiché le vie del Signore non sono affatto le sue vie[1], poiché l'uomo non vede al di là del suo naso, giudica solo esatto e bello ciò che lui fa e non ciò che Dio ha fatto, è logico che chi manca dello spirito umano appaia ai suoi fratelli uno scemo.

Gesù si adatta al linguaggio degli uomini, e alla parola "spirito" dà questo significato: spirito umano. Però, agli occhi della verità, questi poveri di spirito, sono beati! Prima di tutto perché mancando di esso, non commettono gli spropositi dell'uomo comune, non battono le sue vie, non si fabbricano castelli di carta, non posano il piede su trabocchetti senza fondo. Lo spirito umano è spirito satanico, è spirito attaccato alla materia, che tutto distrugge per sopravvivere e trionfare solo essa. Guardiamo lo spirito del mondo: trionfo, onore, adulazione, orgoglio,

---

[1] Cfr. *Is* 55,8-9.

violenza, rivalità in tutti i campi, vanità completa che conduce a un vuoto terribile, a un cadavere in putrefazione oltre al quale non c'è più nulla, neppure il ricordo in chi rimane. Lo spirito del mondo: lotta, sangue, morte. Ecco dove giungono coloro che lo seguono. Oggi siamo belli, domani deformi; oggi onorati, domani la depurazione; oggi applauditi, domani fucilati alle spalle... e altri occupano il nostro posto per cadere poi sempre col medesimo tonfo. *"Beati i poveri di spirito"*, tuona Gesù mentre guarda i farisei, gli scribi, i sadducei.

Essi sono beati perché, privi di tanta lordura, lasciano libero il campo nel loro cuore a uno spirito diverso, contrario: lo spirito di vita, lo spirito divino, unico, come unica è la vita, come unico è Dio. Perfetto comunismo, santa uguaglianza! Il proprio simile è il fratello, il coerede, e il trionfo di uno è il trionfo di tutti; l'onore di uno è l'ambizione di tutti; l'adulazione diviene onesto riconoscimento dei meriti personali, l'orgoglio muore per lasciare posto alla verità e così la violenza alla carità; la rivolta non esiste più perché non ha più ragione di essere; ognuno è contento nella sua cerchia ove è grande, è tutto, e come tale riconosciuto; la vanità è sciocchezza non degna della intelligenza umana. Le tombe non sono più luoghi di putridume, ma santo altare, ove viene cantato l'introito della Risurrezione.

Beati i poveri di spirito umano perché in essi lo spirito divino li distacca da ciò che ora possiedono ma domani lasceranno, da tutte le vane ricerche del mondo, da ogni egoismo persino nel campo spirituale. Questi poveri di spirito sono i sapienti che purificano tanto ogni loro moto di amore, fino a dimenticare il premio della patria celeste per adorare solo disinteressatamente l'Amore. E come l'amato offre all'amante fedele il suo talamo, così l'Amore offre ai suoi amori il suo regno: il regno dei cieli. I poveri di spirito non sono degli scemi, essi si accaparrano una ricchezza che non ha tramonto, e la presenza dello spirito divino in loro apre ad essi la visione, anche in questa terra, di ciò che sarà l'eterno domani. Essi in cuore vivono la pace celeste, il gaudio negli affetti, la serenità nella prova; nulla più li turba.

Il frastuono del mondo passa tormentato dal suo spirito umano di cui è ricco, ma non li sfiora neppure; il rombo del tuono satanico si perde lontano; le loro orecchie ascoltano l'armonia dei cieli e i loro occhi vedono l'Infinito che li attende con la sua carità. I poveri di spirito, di questo spirito, senza il quale l'uomo considera scemo il suo fratello, sono sereni di fronte ad ogni evento anche ove i cosiddetti ricchi barcollano e impazziscono di paura: la morte. Hanno ben ragione gli spiritosi del mondo di fremere innanzi ad essa, perché è inizio di dannazione, mentre per i primi è simile al suono delle trombe che annuncia la caduta delle mura di Gerico[2] e indica il varco per l'ingresso alla patria celeste.

---

[2] Cfr. *Gs* 6,12-21.

"Beati i mansueti, perché erediteranno la terra" (*Mt* 5,5)

La mansuetudine è la virtù fondamentale che rivela il grado di intelligenza della creatura, e il Verbo stesso, mentre ha preferito nascondere agli occhi degli uomini ogni perfezione, non ha però tenuta celata la sua mansuetudine, tanto è vero che alle creature ha suggerito: "*Imparate da me che sono mansueto*" (cfr. *Mt* 11,29; ndr].

Anche qui il materialismo degli uomini ha voluto, ancora una volta, profanare la verità di questa virtù; e invece di riconoscerla quale figlia primogenita dell'umiltà, la confonde con la debolezza. Passano le ere storiche, la vita si rinnova, ma gli uomini sono sempre i medesimi prepotenti, degni figli dei colpevoli progenitori.

Tale beatitudine scuote l'anima dei presenti, perché sempre chi domina la terra è la forza, la prepotenza. Oggi come al tempo di Gesù, la materiale violenza brutale si erge quale invitta dominatrice e i mansueti chinano il capo innanzi ai loro carnefici. Di fronte alla mansuetudine, gli uomini ringhiano e mordono come lupi famelici; di fronte alla violenza nessuno osa contrastare, eppure Gesù, dall'alto del poggio, senza timore di essere smentito, ben sapendo che finirà sulla croce, grida: "*Beati i mansueti… imparate da me che sono mansueto*". Imparate da me: questa frase la ripete ancora in cuor suo chi guarda Gesù crocifisso: "*Imparate da me*"… è una parola! Quei chiodi, quei flagelli, quella corona di spine, questo modo strano di possedere la terra dall'alto di una croce! Eppure dalle labbra del Verbo Verità escono ancora le medesime frasi: "Beati i mansueti... Imparate da me".

Tutto ciò può sembrare un paradosso, ma non lo è: la vita dello spirito è realtà possibile e concreta a ogni uomo, e gli effetti vittoriosi non tramontano col tempo. Guardiamo gli uomini di comando attraverso i secoli: hanno sconvolto il mondo, lo hanno dominato, sono stati applauditi, adorati anche, ma poi, a mano a mano che i secoli passano, la storia accorcia le sue pagine in loro ricordo e chi vuole rimetterli nella propria memoria è costretto ad ingoiare miliardi di milioni di microbi in qualche vecchia e polverosa biblioteca. Sembra strano, che la medesima sorte non sia toccata al rivoluzionario Cristo di Nazaret, tanto più che è finito sulla croce perché era un malfattore e un pazzo sobillatore di popoli. La chiave di questo mistero è la sua mansuetudine, non altro; la divinità non ha nulla a che fare con la storia: l'una è in terra, l'altra in cielo. Se Gesù sulla croce, pur rimanendo Dio, non avesse perdonato, il suo nome sarebbe un'eco lontana, sconosciuta alla maggior parte degli uomini: un comune crocifisso, che ha scontato una giusta condanna. Al contrario, la sua mansuetudine, figlia dell'umiltà, sorella gemella della carità, domina attraverso i secoli e fino alla consumazione, tutta la terra. La domina, e chi a tale dominazione si ribella, muore senza speranza di risurrezione.

Il mansueto è colui che oltre ad essere veramente forte, si riconosce tale e non si scompone di fronte all'agitazione di chi lo circonda. È un po' come il forte cane maremmano che annusa i cagnolini impertinenti, che lascia salire pazientemente i gattini sulla sua groppa e guarda con occhio indiano tutti gli insetti che gli ronzano intorno. Fiero della sua forza, non ha ragione di esercitarla perché non intende usarne per una esibizione teatrale, sa che un solo scatto allontanerebbe tutti gli importuni, ma rimane mansueto, perché sarebbe sciocco esercitare su degli incoscienti la sua forza.

Il mansueto ragiona allo stesso modo ma, accanto alle sue occhiate indiane, lancia uno sprazzo di carità dal suo cuore e ciò rende generosa e meritoria tanta mansuetudine.

I mansueti non sono dei deboli: collaudati da una vittoria nascosta che conoscono essi soli, continuano a dominare se stessi, i propri nervi, le proprie passioni. Tengono in pugno le redini e non ingiuriano, non offendono, non si irritano; passano tra la folla con serena dignità. Essere padrone dei propri nervi e delle proprie passioni significa già in buona fede dominare la terra, quel lato della materia che è più ribelle. Chiediamoci con coscienza onesta se è più facile esplodere in un atto di ira, o soffocare questo sentimento sostituendolo con un gesto di carità, e troveremo la risposta che cerchiamo. Chiediamoci se è più facile seguire ogni istinto della nostra carne, oppure passare ore e notti intere nella lotta giusta e santa contro di esso, e da soli potremo comprendere chi è il mansueto.

Ben lungi dall'essere un abulico e un freddo, egli è la creatura che lotta ad ogni istante della vita, ma lotta con dignità, senza fragoroso rumore, e ciò che più conta vince con la carità e l'amore. I vinti non sono a loro volta degli umiliati, perché la controffensiva del trionfatore conosce un solo articolo di legge: il perdono; il perdono più completo, assoluto, generale. Più oltre non si può andare; e l'esperienza ci dimostra che è la croce sul Golgota che sempre regnerà sull'umanità intera e non perché il legno sia stato crudele, ma perché la vittima fu mansueta e con serenità ha implorato: *"Padre, perdona loro, perché non sanno quello che fanno"* [cfr. *Lc* 23,34; ndr].

Dopo di ciò il vinto non può temere il vincitore; sia pure il primo furioso e bestiale, sente a un tratto di dover cedere e come il centurione, guardando il mansueto, è costretto a dire: *"Costui, in verità, è figlio di Dio"* [cfr. *Mc* 15,39; ndr]. Figlio di Dio significa per l'uomo coerede di Cristo, sovrano della terra creata e di quella promessa: il cielo. Anche se il mansueto per odio soccombe, la voce dell'umanità sarà concorde nel commento: *"Eppure era un giusto"* [cfr. *Lc* 23,47; ndr], e questo giusto, oltre ad aver trionfato su se stesso, trionfa pure nel cuore dei rimasti, lasciando largo retaggio di onore e santo ricordo di bene.

Ma le cose non finiscono qui: dopo aver piegato la terra a un giusto riconoscimento della sua innocenza, il mansueto batte con fiducia alla soglia di un'altra terra, che è sua per l'eternità. Lo conduce per mano l'Amore, anzi l'Amore lo precede, e quando la porta eterna si schiude, esso fa capolino: è riconosciuto dalla carità madre sua, a questa con orgoglio santo presenta l'amico: il mansueto. L'eterna virtù abbraccia il conquistatore della terra, gli mostra il suo regno e gli dice felice: "Ecco il tuo nuovo mondo che sarà tuo per l'eternità. Fino ad ora ti sei mosso dietro le orme dell'Amore, ora, accolto da me, divieni carità che tutto può e ovunque regna. Pace e gloria a te, magnifica copia del più perfetto mansueto, Dio degli eserciti e della vittoria".

"Beati quelli che piangono, perché saranno consolati" (*Mt* 5,4)

"*Beati quelli che piangono*": queste parole partono dall'alto del poggio e di vetta in vetta percorrono il mondo e si perdono nella vallata. La natura sembra fremere di ribellione, ma poi tace immota. Non è questo stoicismo, né effetto di un narcotico; è semplicemente il riconoscimento dell'alto valore della sofferenza. Gesù non intende burlarsi del dolore degli uomini, né deriderli quando ad essi dice: "*Beati quelli che piangono*" [cfr. *Mt* 5,4; ndr].

Certo che per chi vive solo nella materia, la frase ha un accento sarcastico: è uno schiaffo dato da un padrone tiranno al suo schiavo. Ma la realtà è ben contraria e l'uomo, che sa di essere figlio di Dio, comprende esattamente il significato di questa espressione del Verbo, né si meraviglia, né trova alcuna nota stonata in essa.

Ogni espressione dell'uomo può essere viltà o eroismo, e le lacrime di chi soffre subiscono la stessa legge. Vi sono infatti lacrime vili e lacrime sante; lacrime cioè di coloro che non sanno piangere e lacrime invece di per se stesse fonti di infinita provvidenza. Le lacrime dei primi rispecchia il carattere di chi piange: un carattere ribelle, disonesto, privo di onore e di dignità. Più che un pianto, è un grido di rivolta, una lamentosa bestemmia, il sospiro dello schiavo che, pur potendo, non spezza le sue catene; preferisce rimanere così, perché crede di attirare l'attenzione altrui e commuovere. Questi non sanno piangere, infatti, e il loro gemito, invece di attirare, ripugna; le loro lacrime non sono un pianto, ma una vile espressione della vile materia.

Gesù considera pianto, il gemito che le lacrime sante producono e su esse si curva con la promessa eterna di consolare: "*Venite a me voi che siete affaticati ed oppressi ed io vi ristorerò*" (*Mt* 11,28). "Venite a me": queste parole ci indicano la presenza di un pianto che si accosta al Crocifisso con un atto di fede e di speranza. Indicano il pianto del fedele che non si irrita, che non si ribella, ma invoca il suo Signore e ad esso mostra il suo dolore e la sua debolezza. È il pianto di un innocente che soffre in un letto di dolore, perché le sue membra sono martoriate e il suo corpo arde di febbre. Beati essi, perché questo fuoco doloroso e purificatore darà nuova vita alle loro anime che, grazie alla sofferenza, si accaparrano l'infinita comprensione e misericordia di Dio. Beati essi, perché le loro lacrime andranno confuse con quelle del Redentore crocifisso e saranno Redenzione a se medesime.

Questo è il primo grado di beatitudine, ma ve ne sono altri ancora e Gesù tutti li contempla nelle sue parole. La creatura che sa soffrire e quindi sa piangere, non solo invoca il suo Dio, come un fanciullo la sua mamma, ma anche offre a questi le lacrime strappate dal dolore; ed ecco allora che la propria redenzione non è solo opera dei meriti infiniti del Verbo, ma anche sua cooperazione: corredentrice accanto al Redentore. Le lacrime allora troveranno una consolazione più sensibile, un inizio di amore verso il dolore che è riconosciuto dalla creatura stessa come prova e come mezzo di santificazione per sé e per gli altri a lei cari.

Ancora più in alto, e troviamo lacrime che conoscono una nobiltà maggiore: è la sofferenza dello spirito che strappa all'anima un vero pianto, perché si riconosce indegna della sua figliolanza in Dio e causa delle numerose debolezze e delle non meno numerose colpe. L'anima piange, perché vuole essere migliore, perché vuole amare come si deve il Padre che è nei cieli. Il pianto sincero la allontana da tutto ciò che può turbarla: dal demonio, dal mondo e dalle sue vane pompe, mentre Gesù le dice: *"Vieni a me e io ti consolerò"*. "Vieni a me": nonostante i tuoi peccati, io ti amo e ti mostrerò la mia misericordia. L'anima continua a piangere, ma la sua speranza e la sua fede aumentano sempre più: nella prima si ristora, nella seconda si consola, mentre il suo dolore le appare avvolto nell'atmosfera di una volontà superiore che è Bene.

Ancora un altro passo e le lacrime divengono veramente sante. Questo è l'apogeo della beatitudine presente. Sono lacrime di paradiso, lacrime spremute dall'amore, che ardono senza bruciare. Lacrime veramente apostoliche, lacrime di carità, che ricercano le anime lontane da Dio, che portano alla superficie chi è inabissato nella colpa. Sono le stesse lacrime di Gesù condannato, che continuano a sgorgare dai membri più fedeli del suo Corpo Mistico. Il loro scopo è immenso: infinito bene da fare, infinito male da distruggere; appassionata ricerca di operai per la grande messe che attende. La tristezza di queste anime apostoliche rinnova ora per ora la passione di Gesù sul Calvario, ma rivive anche la sua Redenzione ed è tristezza ineffabile che solo loro possono e sanno comprendere.

Le lacrime di costoro incessantemente ripetono: *"Manda, Signore, operai nella messe"* [cfr. *Mt* 9,38; ndr]. Lacrime di Cristo, lacrime di un san Paolo, lacrime di tutti i santi. Sono lacrime che rivelano il fascino della Patria celeste, il segreto di ogni anima patriota del cielo. Sono il *toedium vitae* che attesta la nobiltà della nostra origine e della nostra predestinazione. Consolazione maggiore non potrà essere data a queste anime, veramente beate, perché esse vivranno per l'eternità, la vita di eterna e universale risurrezione.

"Beati gli affamati e assetati della giustizia, perché saranno saziati" (*Mt* 5,6)

"*Siate perfetti come il Padre che è nei cieli*" [cfr. *Mt* 5,48; ndr], ha detto Gesù alle folle in ascolto, ma, con il suo stesso esempio, ha dimostrato che questa perfezione non si acquista comodamente seduti in una poltrona di prima classe. Il tendere alla perfezione è dovere di tutti gli uomini, e noi ben sappiamo che ogni dovere impone innumerevoli sacrifici. La conquista, cioè, della santità, si ottiene solo se vi è una passione ardente verso di essa, e la passione è lotta. Ciò che fa muovere i primi passi alla ricerca del cibo è la fame; ciò che spinge a salire alla sorgente pura è la sete, e il Verbo è pane vero ed eterna acqua di vita. Beati coloro che hanno fame e sete di pura verità, perché saranno saziati, perché diverranno perfetti come il Padre che è nei cieli; ed Egli è Giustizia.

Per arrivare a questo, ben si comprende, che le virtù non devono essere amate in maniera blanda e superficiale, ma verso di esse dobbiamo sentirci trasportati da un amore ardente e passionale. Le grandi virtù sono giustizia e la passione che esse destano è tremenda e vulcanica, perché è lotta senza quartiere e senza sosta. Se la povera giustizia umana, per vincere in questo dono, ha bisogno di difensori eroici, strenui, pronti a tutto, spesso anche alla morte, che cosa dovrà essere per il trionfo della giustizia infinita? Bisogna veramente che gli uomini siano affamati e assetati… Altro che tranquillità, come vogliono malignare coloro che giudicano stoltezza l'agitazione dei figli dello spirito, mentre la lotta vera sono le loro scorribande da predoni. Sarebbe molto più comodo battere sulla scena del mondo la parte di un don Abbondio che, distratto da un egoistico benessere non sa tenere neppure gli occhi oltre che il cuore sul suo breviario, piuttosto che la parte eroica di un padre Cristoforo, strenuo difensore della verità; ma ciò non è giustizia, non è desiderio di giustizia, è la morte della medesima, perché dei don Rodrigo è pieno il mondo e sempre lo sarà, fino alla consumazione dei secoli[3].

Se i figli della carne comprendono che bisogna aver fame per aver voglia di cercare il cibo, e sete per estrarre l'acqua dal pozzo, i figli dello spirito devono altrettanto comprendere che il loro unico nutrimento è la giustizia senza la quale muoiono di inedia. E poiché un proverbio dice che l'appetito vien mangiando, basta un solo boccone ben digerito di giustizia, per accorgersi che di essa si ha sempre più fame e sempre più sete. È appunto in questo vorticoso

---

[3] La Carloni cita tre famosi personaggi de *I Promessi Sposi* di Alessandro Manzoni. Don Abbondio è simbolo di chi per debolezza, o egoismo o vigliaccheria accetta lo *status quo* a scapito della verità della giustizia. Padre Cristoforo è il personaggio forte che sa eroicamente affrontare i fautori meschini dell'ingiustizia e lotta per la verità a viso aperto. Don Rodrigo è il meschino prepotente fautore dell'ingiustizia con la propria violenza sui più deboli.

crescendo di sensibilità spirituale, che sorge la passione e nasce il martire. Il cibo è prelibato, l'acqua è nettare e solo a questa mensa lo spirito gusta la parte migliore e si fortifica.

Il primo atto di beatitudine di questi affamati e assetati si svolge sulla terra, e consiste nella sana e forte gioia del dovere e del suo compimento che è giustizia. La stessa virtù dell'umiltà che tutto domina, deve essere a sua volta dominata dal dovere: deve, cioè, inchinarsi e sottomettersi là dove qualche cosa deve essere compiuta. San Giovanni Battista stesso, che per umiltà desisteva dal battezzare Gesù, si sentì da questi rimproverare e spronare con fermo richiamo al dovere: *"Conviene a noi adempiere ogni giustizia"* [cfr. *Mt* 3,15; ndr]. Colui che lotta per questo adempimento, tende allo scopo di far scendere sulla terra il regno di Dio, ma non è un soldato di leva. Prima di ingaggiare questa santa battaglia ne ha vinta un'altra non meno santa, non meno passionale, che ha richiesto una fortissima dose di fame e di sete di giustizia: la battaglia della passione dello spirito proprio contro le passioni della carne. Lotta tremenda, cruenta, a sangue. Prova del fuoco, ripetuti assalti ad arma bianca, ove, per trionfare, più che la fame ha necessitato la voracità; più che la sete, l'arsura che divampa e incendia. Chi non è passato per questo battesimo, non può chiamarsi amante della giustizia, perché sarebbe un giusto molto strano, o meglio ancora, molto ridicolo, chi grida giustizia per gli altri e per sé dà ragione all'iniquità. Solo chi ama questa giustizia e prima la porta nel suo cuore, può lottare e vincere per una giustizia universale, che è il regno di Dio e la sua pace anche in terra.

Non si può predicare l'onestà se prima non si è onesti; non si può pretendere giustizia se prima non si è essa portata nella propria vita e nelle proprie opere; il diritto nasce là, ove è condotto a termine ogni dovere. Beato colui che è giusto non in parole, ma a fatti, perché la sua coscienza mantenuta nella pace sotto un puro usbergo[4] è ciò che il grande poeta italiano chiama: "compagnia buona che l'uom francheggia"[5]. Papa Gregorio VII ha detto: "Ho amato la giustizia, ho disprezzato l'iniquità, per questo muoio in esilio"[6]. Ma l'esilio imposto dagli

---

[4] Indumento protettivo del corpo, in uso nel Medioevo per la difesa personale del guerriero. Consisteva in una veste di maglia di ferro, a forma di lunga camicia, aperta talora sul davanti a metà coscia, variamente lavorata, talvolta completata da calzoni, pure di maglia, e munita di cappuccio e di maniche. Era diffuso in Occidente e caratterizzava l'abbigliamento del cavaliere prima dell'avvento dell'armatura di piastra, o corazza.

[5] Significa: è la buona virtù che rende l'uomo libero. La citazione è tratta da DANTE ALIGHIERI, *La Divina Commedia. Inferno*, canto XXVIII, v. 115.

[6] Gregorio VII (Ildebrando Aldobrandeschi di Soana), nato a Sovana nel 1020, divenuto Papa nel 1073, è famoso per la scomunica imposta all'imperatore Enrico IV nel contesto della lotta per le investiture, e per l'episodio di Canossa presso il castello di Matilde. Tutto il suo pontificato fu contrassegnato da opposizioni e controversie, fuori e dentro la Chiesa, in difesa della giustizia. Gregorio VII morì in esilio a Salerno il 25

uomini, quando è accettato per l'amore di Dio, è anticamera della giustizia eterna, al gaudio dell'eterna giustizia e, addormentarsi nell'esilio, significa destarsi nella Patria celeste ove ogni fame e ogni sete verranno per sempre saziate.

"Beati i misericordiosi, perché troveranno misericordia" (*Mt* 5,7)

È un po' questa beatitudine una continuazione della precedente, in quanto la misericordia deriva dalla giustizia. Il giusto comprende le situazioni del fratello debole e scusandolo lo soccorre. Pensa che egli stesso, nelle medesime condizioni del secondo, avrebbe fatto altrettanto se non peggio, e allora perdona, non però con gesto altero, ma con misericordia. Forte nella difesa della giustizia, è altrettanto forte, eroico, nella comprensione caritatevole della sofferenza altrui; e mentre nel primo caso si erge impavido e invitto, nel secondo si curva e piange, ma il suo cuore non vacilla, la tenacia è sempre la medesima.

"Rimetti a noi i nostri debiti, come noi li rimettiamo ai nostri debitori" è il passo della misericordia che si può

maggio 1085. La frase riportata dall'autrice fu incisa sulla sua tomba, un sarcofago romano del III secolo. Papa Paolo V l'ha canonizzato nel 1606.

chiamare anche: il taglione del cristiano. Come il bene di uno dei figli di Dio si muta in grazia divina per tutto il Corpo Mistico di Cristo, così il male di uno dei membri fa soffrire l'intero e, quindi, ogni peccatore è debitore verso gli altri fratelli. Molto spesso però, dobbiamo riconoscerlo, le colpe dei nostri simili non avrebbero prodotto il male a cui sono giunte se noi, invece di aprire maggiormente le piaghe con incomprensione e calunnia, ci fossimo solo preoccupati di arginarle. Ma il nostro orecchio è duro a questa armonia divina dell'amore, e alla collera rispondiamo con la vendetta, al male con un male peggiore e così facciamo trionfare la violenza e l'odio.

Gesù non la pensa a questo modo: se egli avesse seguito la legge del taglione umano, il mondo sarebbe un unico campo di crocifissi e nessuno certo come il ladrone pentito, perché non vi è uomo al mondo che in coscienza possa dire: "sono così puro che per me Cristo non aveva ragione di morire". Gesù, che vede coma la vendetta sia causa di male e di dolore moltiplicato, ragione di due odi invece di uno, di due morti invece di una, odia questa forma di crudeltà e la argina con il perdono e la misericordia. Non a caso egli, che ha dettato la più bella preghiera del cristiano, ha posto nella sua seconda parte la richiesta del perdono nella misura in cui perdoniamo.

Beati dunque questi misericordiosi! Essi oggi dimenticano ogni offesa ricevuta, accostano il nemico e ad esso tendono la mano per stringere quella dell'altro in segno di perdono e di fratellanza, si curvano sull'afflitto e lo consolano, si accostano a chi piange e piangono con lui, si prostrano accanto al peccatore e invocano da Dio la pietà che rigenera a nuova vita. Questi stessi, domani, quando si presenteranno al Creatore potranno a lui dire: "perdono, come io ho perdonato". Che può fare l'onnipotenza di Dio contro di loro, quando essa stessa, proprio perché onnipotente, ha deciso di perdonare a seconda di come si è praticata la misericordia nei riguardi del fratello? Dolce catena che inchioda il Dio amore e lo costringe a giudicare il giusto con misericordia, perché esso è stato misericordioso nella giustizia.

I figli della carne che conoscono solo i diritti volgari di essa, amano la legge del taglione umano; ma i figli di Dio, i figli dello spirito, conoscono altrettanto bene la legge del taglione cristiano, e mentre il primo pesa come un'oscura minaccia, il secondo brilla sul capo dei misericordiosi pieno di conforto e di speranza.

Pur compiendosi nella vita eterna ogni beatitudine evangelica, è però riservata in questo mondo, per coloro che scusano e perdonano, una serie di gioie infinite: le gioie del perdono. Esse sono così numerose che è impossibile il calcolarle; persino chi vive la vita dello spirito, benché le veda e le goda, non potrà mai assaporarle appieno; pur tuttavia esse non sono un assurdo, ma logica conseguenza quanto la gioia della vendetta nell'uomo brutale. È molto più difficile vendicarsi col perdono che con una nuova offesa e poiché ogni vittoria è tanto più gustata quanto più difficile è risultata la conquista, così il perdono offre all'anima del misericordioso l'incalcolabile gioia della pace del cuore, mentre la vendetta lascia ancora rancore gravido di nuove esplosioni. Tale conquista è una soddisfazione squisita, superiore, che offre il senso della fratellanza umana: come è buono e quanto è bello vivere in unione intima con il proprio fratello! Che pace si sente nell'anima e quanto amore!

Ogni abisso provoca un abisso, e tale legge è tanto per l'odio quanto per l'amore. Chi odia attira odio; chi ama, prima o poi, si fa amare. Non importa se ciò costa fatica e attesa, entrambi sono piene di speranza e di dolcezza; è gioia divina, conquista di un fratello, dono a Dio di un'anima! Il misericordioso non si vendica, perdona; scopre al nemico un mondo per lui nuovo; il mondo dell'amore e a questo lo spinge ad arrendersi: realtà, questa, e gioia del perdono.

Pensiamo, quando ci troviamo freddi e inesorabili che cosa sarebbe di noi se anche Dio la pensasse così nei nostri riguardi! Chi di noi può dire: "sono senza peccato e posso non curarmi della misericordia del Signore perché egli per giustizia dovrà accogliermi"? Chi? Se nel mondo ci fosse anche uno solo che osasse affermare ciò, è consigliabile per lui mettersi al posto del Verbo crocifisso, perché basta la stolta sua audacia per condannarlo.

Beati i misericordiosi, perché essi solo possono elevare in alto i loro cuori: Dio è buono e il messaggio di Gesù è verità. Colui che perdona solleva le braccia al cielo, il perdonato si prostra umilmente al suolo e abbraccia le ginocchia del fratello misericordioso per fare un tutt'uno con quelle mani che elevate attirano lo sguardo di Dio che è: *pax Dei quae exuperat omne sensum*[7].

"Beati i puri di cuore, perché vedranno Iddio" (*Mt* 5,8)

"*Sepolcri imbiancati*", grida Gesù ai farisei, "*che sembrate candidi dall'esterno mentre internamente siete pieni di putridume*" [cfr. *Mt* 23,27; ndr]. Con ciò egli vuole indicare in modo chiaro, che la purezza dello spirito, detta anche purezza del cuore, non è per nulla apparenza esterna o falsità. A Dio non sfugge nulla, neppure il più recondito pensiero, ed è perfettamente inutile rivestirsi di un abito che non si addice allo stato reale di colui che lo indossa. Qui non si tratta di confondere la pulizia con la purezza: perenne errore degli eterni farisei. La morale e la religione non sono due branche dell'igiene, né nulla hanno da dividere con essa.

I puri di cuore sono coloro che vivono di spiritualità, distaccati dalla depressione della carne, dagli affetti sensuali in genere, incontaminati nel corpo e nell'anima. Costoro vedranno Dio nella piena visione beatifica in cielo, ma lo vedono anche, ancora viatori, attraverso la purezza del loro cuore, gli occhi del

---

[7] La pace di Dio supera ogni sentire.

loro spirito, in una visione che è virtuosa e meritoria. San Paolo, il più erudito discepolo nelle cose dello spirito, ci presenta la medesima dottrina del Verbo quando sentenzia, senza ammettere discussione, che l'uomo animale non potrà mai conoscere quelle cose che appartengono allo spirito di Dio.

Per non trovarsi in questa disgraziata schiera, è indispensabile che i figli della luce ricordino di essere tali e amino mantenersi così come il Creatore vuole per il loro bene. Sono questi i puri di cuore e, come strenui difensori della purezza, combattono, frenano, dominano in modo assoluto ogni istinto materiale che faccia capolino dalla natura corrotta, ogni sentimento sensibile che non sia angelico. In essi, si comprende, è lo spirito il padrone, e ben presto giungeranno a Dio perché Dio è il Puro Spirito; all'inizio egli si presenterà come mistero alla fede, domani come evidenza allo splendore della gloria.

Il cristianesimo non ha mai distrutto né negato il valore dell'uomo nelle sue facoltà, e per questo non ha mai disprezzato ciò che la natura possiede di più grande: l'intelletto, ossia l'ingegno. Ma dove contrasta con il paganesimo è nella realtà che l'ingegno non è causa di visione di Dio, ma semplice strumento in mano di un artista. È certo l'occhio dell'intelletto che vede Dio, perché questi è buono e si lascia trovare dall'anima che lo cerca, ma per vedere necessita che la lente posta innanzi ad esso, il cuore, sia limpido e non opaco. Chi lo intorpidisce è il vizio, il peccato, la sensualità; è tutto ciò che non è frutto di uno spirito puro. Se l'uomo intende afferrare visibilmente la realtà divina, deve prima purificarsi, cioè anteporre al vizio la virtù, al peccato il bene, alla sensualità lo spirito. In lui allora, la luce divina della verità entrerà libera ed abbondante: lo spirito cerca, Dio si lascia trovare; Egli non entra solo quando l'uomo non lo voglia.

La bellezza attira tutte le creature ragionevoli: esse si compiacciono di questa, l'accarezzano e la chiudono come tesoro o nei loro cuori e nelle pinacoteche; ma ciò che il figlio della carne non comprende è quella Bellezza che in sé raccoglie, condensa e perfeziona ogni bellezza creata. Eppure, è questa solo Bellezza che è Verità, Verità apprezzabile, anche ai semplici, agli ignoranti, ai fanciulli, purché siano puri di cuore. Posiamo lo sguardo su essi e notiamo che non sono mai annoiati, mai stanchi, mai sonnolenti; e perché? Perché guardano e nella Bellezza-Verità scoprono sempre qualche cosa di nuovo e di infinito che li attira, li rende felici e beati in questa contemplazione.

Se tanto essa attrae ora i loro sguardi che ancora possono a volte essere distratti da ciò che di umano li circonda, se tanta felicità dona in questa valle che è solo di lacrime, cosa sarà domani, quando gli occhi dello spirito, liberi dall'involucro della carne, potranno spaziare contemporaneamente e senza sosta nella Bellezza-Verità infinita?

Beati sì, i puri di cuore, perché essi li attende una visione che supera ogni aspettativa e ogni speranza!

"Beati i pacifici, perché saranno chiamati figli di Dio" (*Mt* 5,9)

Abbiamo veduto nella beatitudine precedente che la purezza non può essere confusa con la pulizia, così i pacifici non sono i paciosi come si vuole sarcasticamente malignare da parte di chi nulla comprende su ciò che riguarda la vita dello spirito. I paciosi sono coloro che per la troppa tranquillità sacrificano ogni verità, perché considerano la prima come l'assoluto della vita. È una forma di schiavitù questa tanto spaventosa quanto subdola e vile: tutto si sacrifica sull'altare di questo aborto di pace, di falso feticcio, tutto: ogni dovere, ogni nobile affetto, ogni fede, ogni buona aspirazione e persino ogni diritto. Il pacioso è un incosciente così grande che arriva a definire prudenza il suo cinismo abulico, quel cinismo abulico che non lo fa indietreggiare neppure davanti allo spaventoso delitto che si chiama omicidio dello spirito proprio e altrui; è un egoista, ma cieco, del proprio io, che ha soffocato la giustizia per non avere noie; è un suicida e omicida senza scrupoli e senza attenuanti.

Tale setta non rientra nella beatitudine evangelica e ciò non ha bisogno neppure di dimostrazione; basta ricordare che la parola del Verbo-Dio è Verità, quindi ogni beatitudine non può essere in contrasto con le altre. Abbiamo parlato di fame e di sete di giustizia, mentre al contrario vediamo che il pacioso soffre di fronte a questo cibo di inappetenza e nausea.

La pace cristiana è tranquillità nell'ordine, nell'ordine (prima di tutto) interiore. Ed ecco che il pacifico contemplato nella beatitudine evangelica tende essenzialmente a questo, che è anche giustizia nei riguardi di Dio e della propria anima. Ciò che costa il trionfo della tranquillità spirituale, noi tutti lo sappiamo: lo abbiamo già riscontrato (sia pur brevemente) nella seconda e nella quarta beatitudine; lo vediamo ancor meglio nelle parole di Gesù: *"Non sono venuto a portare la tranquillità, ma la guerra"* [cfr. *Mt* 10,34; ndr]: guerra a ogni illecita passione, guerra a tutto ciò che si oppone alla giustizia e alla pace. Se Cristo non fosse venuto a portare questa lotta che è combattuta solo dai veri pacifici, sarebbe il trionfo delle iniquità più spaventose, delle ingiustizie più luride, delle passioni più basse. Se Cristo non avesse insegnato che la pace si conquista solo a prezzo di sangue e di martirio perché tenace resistenza al male, sarebbe stato un complice del disordine, della iniquità e dei loro trionfi.

Il male tuttavia dilaga e, a mano a mano che il tempo passa, vediamo sempre più la saggezza di questa beatitudine: i paciosi, distruttori della pace e della giustizia, danno modo ai pacifici di manifestare, attraverso una resistenza eroica, la loro figliolanza in Dio e il tenace amore e ardore per la conquista di un regno posto sulla tranquillità nell'ordine. La pace è una conquista dello spirito, è una conquista di cui lo spirito stesso ha diritto per giustizia, e non può esimersi dal possederla. Se così facesse diverrebbe un figlio diseredato, non però perché il padre lo ha cacciato, ma perché lui stesso ha abbandonato il tetto paterno disprezzando le ricchezze avute, in quanto il mantenerle richiedeva uno sforzo.

Volge il figlio di Dio le spalle al suo Creatore; crede così di trovare pace, ma la sua pace è ozio, schiavitù e, quando è giunto al punto di dover difendere il senso innato di conservazione, si trova costretto a dividere il pasto con una mandria di porci e a riconoscere che il dolce far nulla lo ha condotto a una pace che puzza di sterco. È la sorte del pacioso per eccellenza, schiavo quindi di ogni passione, sperperatore di oneste ricchezze, ladro dell'onore altrui e proprio.

I pacifici non la pensano così; non si fermano neppure a una resistenza passiva che è ancor troppo poco, ma ardenti, operosi, amanti della giustizia intervengono, e se è necessario anche con violenza (senza però mai perdere di carità), in difesa dei deboli e dei buoni. Se tutti i figli di Dio si rendessero conto di questo, e dicessero sì al sì, e no al no; ossia: ladro a chi ruba, omicida a chi uccide, i violenti e i paciosi avrebbero modo di scuotersi perché sia agli uni che agli altri non piace essere scoperti: vogliono i vantaggi del delinquente, ma non disgiunti dalla reputazione di galantuomini.

Veramente beati questi pacifici, colossali amanti della giustizia, strenui difensori della pace vera, perfetti figli di Dio; e altrettanto beata sarebbe la terra se di queste schiere ce ne fossero tante!

Il Vangelo è una bandiera che l'alfiere cristiano deve sempre portare eretta e diritta contro qualsiasi vento contrario, è il codice non dei violenti ma dei forti, non dei guerrafondai ma di coloro che nel mondo della materia dicono: pace; nel mondo dello spirito: lotta; lotta dello spirito contro la carne; della mansuetudine contro la prepotenza, della carità contro l'egoismo, della giustizia contro l'ingiustizia, della misericordia contro la crudeltà, della purezza contro la sensualità. Questa è la carica dei figli di Dio e Gesù dall'alto della croce guarda compiaciuto i suoi fratelli: Generale stupendo, invitto, che tende le braccia nell'infinito e tutti li stringe al cuore mentre a ognuno sussurra: *"Sarete con me in paradiso"* [cfr. *Lc* 23,43; ndr].

"Beati i perseguitati per amore della giustizia, perché di questi è il regno dei cieli. Beati siete voi, quando vi oltraggeranno e vi perseguiteranno e, mentendo, diranno di voi ogni male per causa mia. Rallegratevi ed esultate, perché grande è la vostra ricompensa nei cieli; poiché così prima di voi hanno perseguitato i profeti" (*Mt* 5,10-12)

Siamo all'apogeo delle beatitudini, al massimo della felicità che Gesù promette a tutti i beati. Torniamo con la mente a coloro che soffrono e piangono, ma più che altro, con intensità maggiore, agli appartenenti alla schiera della quarta beatitudine.

Quella che ora stiamo trattando, però, è colossale; si tratta di sofferenze speciali, di straordinari amanti della giustizia: sono le vittime dell'Amore, i martiri; e come l'Amore ha trionfato sul Golgota e sui secoli, così agli amanti dell'Amore è l'ultima parola: trionfo. Oh! Gli strenui difensori della Giustizia! Nobili figure, ingegni stupendi che non hanno perduto tempo, che non hanno sbagliato strada, che non hanno rincorso una meteora, ma la realtà divina! L'oggetto del loro amore non è un'utopia, un qualche cosa di vano e vuoto che sfugge all'abbraccio, ma una verità solidissima, un trionfo che non ha nome, né adeguato plauso. La stessa beatitudine non indica un grado di felicità che loro spetta, non lo indica perché non ci sono parole adeguate, dice semplicemente: *"grande è la vostra ricompensa"*, grande dunque agli occhi di chi parla, il Verbo Dio infinito: questa sola è la misura che non conosce misura.

L'amore dei martiri non è un'espressione verbale, perché spesso più parla chi meno sente; non è una manifestazione esterna per proprio tornaconto: nessuno ha applaudito e battuto le mani al Cristo sulla croce. I martiri avvocati di giustizia non hanno applausi né consensi, sono avvolti da fischi, sferzate, persecuzioni, sentono che chi li circonda dilania il loro spirito e profana il loro corpo.

L'umanità si schiera dalla parte del tiranno Erode o del vile Pilato, e Cristo rimane solo; anche i martiri sono soli: ciò che di meglio possono sperare è il silenzio, ma niente di più.

I martiri scendono in campo in difesa della Giustizia, per l'amore dell'Amore e sanno bene ciò che

li aspetta: qui dimostrano che cosa sono! Le persecuzioni indicano la prova, la pietra di paragone degli
amori. Se è permesso non credere a chi parla, se è
discutibile l'interesse di chi agisce, è però diabolico
profanare la sofferenza di coloro che eroicamente
combattono per la causa dello spirito.

Mentre nella terza beatitudine vi è la soavità e la
morbida dolcezza delle lacrime, nell'ottava invece
si scorge un'elegia, una peana[8], un canto trionfale;
l'azione e la sofferenza sono la forza del cristiano.
Fare è dinamismo, è sforzo della volontà, ma saper
soffrire è eroismo che affronta il patimento, le lacrime, il sangue per una causa giusta, una causa santa,
e grande è la ricompensa nei cieli, perché il cielo è
retaggio del martire.

Beati gli amanti della giustizia, ma la giustizia trova
nel mondo ostacoli e per difenderla ci vuole qualche
cosa di più dell'amore: l'eroismo dell'amore, diversamente, quando cioè la Giustizia è affidata nelle mani
degli amici che pur essendo buoni sono però deboli,
essa però registra vergognose e dolorose sconfitte.

---

[8] Il *peana* è un canto corale in onore di Apollo, intonato con
funzione di propiziazione o di ringraziamento per la vittoria.
Veniva intonato dagli spartani quando muovevano all'attacco
del nemico: il ritmo del canto aveva lo scopo di mantenere l'ordine della formazione e di infondere terrore nell'avversario. Il
termine è oggi usato per indicare un discorso o uno scritto di
vittoria o di esaltazione. Viene inoltre spesso utilizzato per indicare un discorso in cui non sono presenti critiche, ma solo lodi.

Ma la parola del Verbo non si perde lungo i secoli, essa ha trovato e troverà sempre seguaci: uomini della vera storia, difensori, martiri; uomini perfettissimi immolanti sull'altare del Signore, quali vittime innocenti e sante, il loro io; essi lo perdono, ma nel sacrificio, per l'eternità, lo ritrovano. Beati cittadini del cielo, nei quali si è adempiuta la perfezione evangelica; beati veramente, nel tempo e nell'eterni*tà*.

"Come hanno perseguitato me, dice Gesù, perseguiteranno anche voi, perché siete miei discepoli" [cfr. *Gv* 15,20; ndr]. È un mistero l'odio persecutore contro il più innocente e il più benefico Figlio dell'uomo, contro colui che a ragione ha potuto dire: *"Chi di voi mi potrà convincere di colpa?"* [cfr. *Gv* 8,46; ndr]. Dopo questo, la persecuzione contro i suoi seguaci non è più un mistero, è una conseguenza che fissa pagine e pagine in un martirologio nel quale l'ultima riga si chiuderà con la fine dei secoli.

Se chiediamo ai martiri di ogni tempo chi e che cosa li spinge a tanta eroica resistenza, essi risponderanno con un lampo dei loro occhi nel quale è riflessa l'immagine del Golgota.

Beati! Ma forse beati è troppo poco: beatissimi voi, o stuolo santo che, morendo, da eterna morte vi sottraete; beatissimi voi che offrite il petto alle lance nemiche per amore di Colui che vi diede al sole, voi che la terra venera e il cielo ammira! L'ora estrema, lieta vi appare e correte ridenti al passo duro e lacrimoso; al di là della morte attende ciascuno di voi uno splendido convito. Morite senza baci e forse

senza pianto, ma le stelle divelte un giorno strideran-
no precipitando in mare, mentre il vostro amore e
la vostra memoria non avrà mai sepolcro, e le zolle,
molle dal sangue vostro, saranno ara di gloria agli
angeli e ai santi in cielo.

Collana

Viaggiatori in Terra Santa

Da duemila anni, la Terra Santa catalizza l'attenzione del mondo intero: pellegrini, mercanti, eserciti, re, sultani, avventurieri. Ma anche scrittori e letterati, viaggiatori, poeti alla ricerca di un mito, delle proprie radici e di quelle della loro civiltà. Gerusalemme ha avuto per ciascuno un significato unico: spirituale, temporale o culturale che fosse, per tutti è stata un obiettivo, una meta, un punto di arrivo e un nuovo inizio. Le pagine che ci hanno lasciato ne sono la testimonianza: un filo rosso che lega ininterrottamente epoche e uomini, fino ai giorni nostri. Ancora oggi infatti possiamo davvero dire che Gerusalemme è "il centro del mondo".

I volumi della collana

1. Angelo Roncalli (Giovanni XXIII), *Viaggio in Terra Santa. 1906. Il diario di un "giornalista" diventato Papa*, 2016.

Galleria fotografica

Maria Teresa Carloni a 32 anni

Maria Teresa Carloni

Viaggio in Terra Santa di Maria Teresa

Udienza privata con Papa Paolo VI

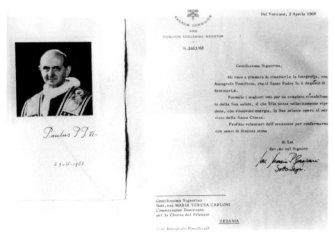

Autografo di Papa Paolo VI

Maria Teresa e don Cristoforo Campana con Paolo VI

Maria Teresa e don Cristoforo Campana con Papa Giovanni Paolo II

Maria Teresa con Giovanni Paolo II

Maria Teresa con Stefan Wyszyński

Maria Teresa Carloni negli ultimi anni della sua vita

Liturgia funebre per Maria Teresa Carloni

Tomba di Maria Teresa con la scritta:
"Per me vivere è Cristo e morire è guadagno" (Fil 1,21)

Visitatori al museo Carloni a Jasna Góra